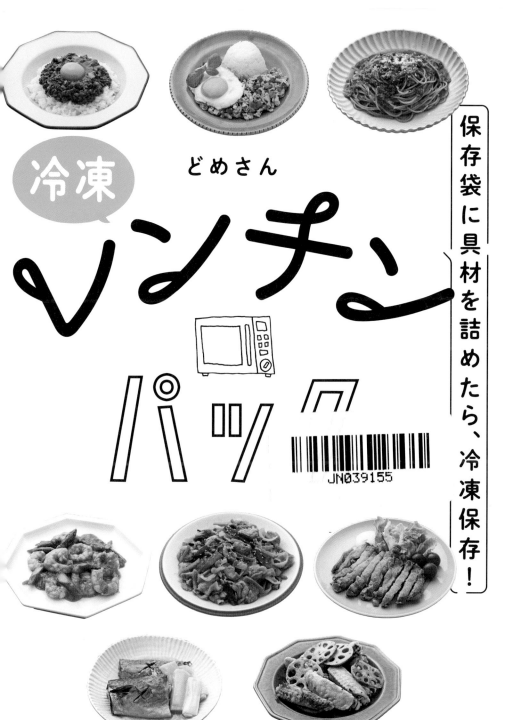

どめさん

冷凍 レンチンパック

保存袋に具材を詰めたら、冷凍保存！

JN039155

KADOKAWA

「冷凍レンチンパック」ってなに？

STEP 1 具材を切って、保存袋に詰める

肉や野菜などを切ったら、調味料とともに保存袋に入れるだけで準備は完了。

STEP 2 火を通さずに、そのまま冷凍

保存袋に入れたら、調理をせずに冷凍庫へ。
2週間〜1ヶ月保存OK!

保存袋の中身を耐熱皿に取り出して、凍ったままレンチン。
食べたいときにすぐ調理できます。

そして…

バリエーション豊富なおかずが
簡単にすぐ完成！

主菜となる肉や魚のおかず、ひとりで簡単に食べたいときのパスタ、
あと一品ほしいときの副菜などがレンチンだけで完成します。

「冷凍レンチンパック」って、こんなにすごい！

火を使わない

調理方法はレンチンのみなので、その間の時間はフリー！調理しながら別のことができちゃいます。焼きすぎ、煮詰まりすぎなどの失敗がなく、暑い夏にも重宝します。

準備は5分以内

食材を切って保存袋に入れるだけで準備が終わるので簡単＆時短！「何品も作りおきをしたら、休日が終わっていた」なんて悲劇は起こりません。

収納力バツグン

食材を入れた保存袋が完全に凍ったら、立てた状態で収納可能。省スペースかつ、取り出しやすいのでとっても便利。コンテナのように重ねないのでかさばりません。

誰でも簡単調理

保存袋に加熱時間を書いておけば、子どもや普段料理をしない人でも簡単にレンチン調理ができます。家を空けるときの家族のごはんや、遠方に住む人に送る"仕送りごはん"としても活用できます。

洗い物が少ない

準備に必要なのは計量する道具、包丁、まな板、混ぜる箸のみなので、洗い物はごくわずか。フライパンや鍋を洗う煩わしさから解放されます。

油が最小限でヘルシー

炒めたり揚げたりする必要のないレンチン調理なので、使用する油は最小限。ノンオイルのレシピも盛りだくさんです。コンロの掃除頻度もグンと低くなります。

味が染み込む

食材は調味料で下味をつけて冷凍します。冷凍している間にしっかり味が染み込むので、味が決まりやすく、加熱後に調味料を足す手間がかかりません。

「あと一品」がすぐできる

忙しいときや小腹がすいたとき、あと一品がほしいときにとても便利。あらかじめ解凍する必要がないので、食べたいときにすぐ調理できます。

冷凍レンチンパック の作り方

1 材料を切る

大きさを揃えて切ることで、均一に火が入りやすくなります。
また、野菜の水分が残っていると、霜がおりたり味がぼやけたりする原因になるので、キッチンペーパーなどでしっかりと拭き取ってから保存袋に入れましょう。

2 保存袋の中で 調味料と食材を しっかり混ぜ合わせる

しっかりと混ぜて、調味料を全体にいきわたらせるのがポイント。
優しく混ぜて揉みこむことで味がなじみます。

保存袋のジップ部分に具材がつくと、密閉しづらく、手が汚れる原因に。
口の部分を折り返して具材を入れるのがおすすめです。

3 空気を抜いて 口を閉じる

食材が空気に触れていると鮮度や風味が落ちる原因に。保存袋に食材を入れたら、袋の中の空気を抜きながら口を閉じます。
手前から丸めるようにすると空気を抜きやすいです。

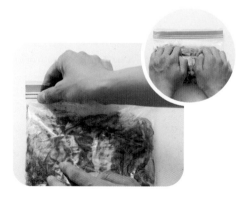

4 平らにして冷凍保存

汁気の少ないものは、保存袋の上部をくるっと折り曲げて冷凍してください。
汁気が逃げず、レンチンするときに耐熱皿に収まりやすくなります。

5 キッチンバサミでカットして保存袋から取り出す

冷凍後の食材は、保存袋をカットすると、簡単に取り出すことができます。
本書では、直径25cm（内径23cm）の耐熱皿を使用しています。

6 耐熱皿に入れてふんわりとラップをかける

ふんわりとラップをかけることで、温めるときに皿の中で蒸気が巡り、肉や魚に火が通りやすくなります。
一度皿に合わせてラップを出してから、たるみを持たせて貼り直すと◎

7 電子レンジに入れる

ターンテーブルのない電子レンジでは中央に、ターンテーブルのある電子レンジではターンテーブルの端に置くことで加熱ムラを抑えることができます。

8 器に盛り付けて完成！

「あと入れ」の材料がある場合は、温めたあとに加えます。もちろん、レンチンした耐熱皿のまま食卓に出してもOK！

Contents

PART1 肉料理 13 /////////////////////

PART4 ワンプレートごはん　105 ////////////

装丁	坂川朱音（朱猫堂）	調理アシスタント	好美絵美
本文デザイン	坂川朱音＋小木曽杏子（朱猫堂）	撮影協力	UTUWA
写真	上山知代子、	DTP	アーティザンカンパニー
	どめさん（カバーの照焼きチキン、保存袋、	校正	麦秋新社
	温める前の冷凍状態、P127～137の一部）	編集協力	須川奈津江
スタイリング	宮沢史絵	編集	金城麻紀

この本のルール

PART
1

肉料理

ナポリタンチキン

鶏もも肉…250g
玉ねぎ…¼個(50g)
ピーマン…1個(30g)
★ケチャップ…大さじ3
★ウスターソース…大さじ½

★片栗粉…小さじ1
★コンソメスープの素、砂糖、
　しょうゆ…各小さじ½
バター…5g

//

レンチン **11.5** 分

冷凍 **2~3** 週間

作り方

1 切る

材料を準備する。

玉ねぎ…¼個(50g)(薄切り)

鶏もも肉…250g
(一口大)

ピーマン…1個(30g)
(細切り)

2 詰める

保存袋に★と鶏肉を入れて混ぜ、上に玉ねぎ、ピーマン、バターをのせて冷凍。

大3 ●ケチャップ

大½ ●ウスターソース

小1 ○片栗粉

小½
コンソメスープの素
○砂糖
●しょうゆ

5g
バター

温め

食べるとき

3 中身を耐熱皿に出し、ラップをかけて11分半レンチンして混ぜる。

加熱前

お肉を上に

加熱後

タンドリーチキン

鶏もも肉…250g
アスパラ…1束（80g）
★マヨネーズ、ケチャップ
　…各大さじ1½

★カレー粉、砂糖、レモン汁
　…各小さじ1
★にんにくチューブ、
　しょうがチューブ…各2cm
★塩、こしょう…各少々

レンチン **11.5**分　冷凍 **2〜3**週間

//

作り方

1 切る

材料を準備する。

アスパラ…1束（80g）（幅2cmの斜め切り）

鶏もも肉…250g
（一口大）

2 詰める

保存袋に★と鶏肉を入れて混ぜ、上にアスパラをのせて冷凍。

大1½
● マヨネーズ
● ケチャップ

小1
● カレー粉
○ 砂糖
　レモン汁

2cm
○ にんにく
○ しょうが

少々
塩

少々
こしょう

温め **食べるとき**

3 中身を耐熱皿に出し、ラップをかけて11分半レンチンして混ぜる。

加熱前

お肉を上に

加熱後

鶏肉のチリソース炒め

/ 辛くない! \

レンチン
11.5
分

冷凍
2~3
週間

材料 //

鶏もも肉…250g
チンゲン菜…1株(90g)
★砂糖、オイスターソース
　…各大さじ½

★ケチャップ…大さじ1½
★片栗粉…小さじ2
★鶏ガラスープの素、
　ごま油…各小さじ1

★しょうゆ…小さじ½
★にんにくチューブ、
　しょうがチューブ…各3cm

//

作り方

切る 1 材料を準備する。

詰める 2 保存袋に★と鶏肉を入れて混ぜ、上にチンゲン菜をのせて冷凍。

鶏もも肉
…250g(一口大)

チンゲン菜…1株(90g)
(葉は長さ2cm、茎は縦半分にして長さ2cm)

小2
● 片栗粉

大1½
● ケチャップ

大1
● 鶏ガラ
スープの素
ごま油

大½
● 砂糖
● オイスター
ソース

小½
● しょうゆ

3cm
● にんにく
● しょうが

食べるとき

温め 3 中身を耐熱皿に出し、ラップをかけて11分半レンチンして混ぜる。

お肉を
上に

ジンジャーチキン

レンチン
12分

冷凍
2~3
週間

材料 //

鶏もも肉…250g
玉ねぎ…½個(100g)

★砂糖、オイスターソース、
しょうゆ、みりん…各大さじ1

★しょうがチューブ…3cm
バター…8g

//

作り方

 切る 1 材料を
準備する。

 詰める 2 保存袋に★と鶏肉を入れて混ぜ、上に
玉ねぎとバターをのせて冷凍。

鶏もも肉
…250g(一口大)

玉ねぎ…½個(100g)(薄切り)

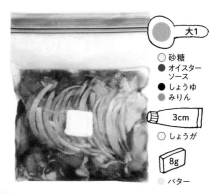

大1

○ 砂糖
● オイスター
ソース
● しょうゆ
● みりん

3cm

○ しょうが

8g

○ バター

食べるとき

 温め 3 中身を耐熱皿に出し、
ラップをかけて12分
レンチンして混ぜる。

お肉を
上に

4 ラップをかけて5分
蒸らす。お好みで粗び
き黒こしょうをふる。

POINT

加熱後に一旦冷ますと味が染み込んでおいしくなります。食べる前に温め直してくださいね。

鶏肉とねぎの串なし焼き鳥

レンチン
12分

冷凍
2~3
週間

材料 //

鶏もも肉…250g　　★酒、ごま油…各大さじ1　　★塩、こしょう…各少々
長ねぎ…100g　　　★鶏ガラスープの素…小さじ2

//

作り方

切る 1 材料を準備する。

詰める 2 保存袋に★と鶏肉を入れて混ぜ、上に長ねぎをのせて冷凍。

鶏もも肉
…250g（一口大）

長ねぎ…100g（長さ3cm）

少々
塩

少々
こしょう

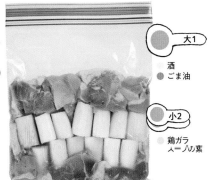

大1
酒
ごま油

小2
鶏ガラ
スープの素

食べるとき

温め 3 中身を耐熱皿に出し、ラップをかけて12分レンチンして混ぜる。

お肉を
上に

鶏肉とブロッコリーの塩炒め

レンチン
11.5
分

冷凍
2~3
週間

材料 //////////////////////////////////////

鶏もも肉…250g
ブロッコリー…½株(100g)
★酒…大さじ1

★鶏ガラスープの素、
片栗粉…各小さじ1
★塩…小さじ⅕

★にんにくチューブ…3cm
あと入れ
粗びき黒こしょう…適量

//

作り方

切る 1 材料を
準備する。

詰める 2 保存袋に★と鶏肉を入れて混ぜ、上に
ブロッコリーをのせて冷凍。

鶏もも肉
…250g(一口大)

ブロッコリー…½株(100g)
(小房に分ける)

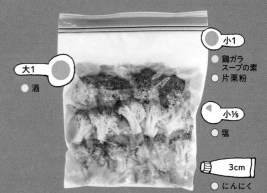

小1
● 鶏ガラ
スープの素
● 片栗粉

大1
● 酒

小⅕
● 塩

3cm
● にんにく

食べるとき

お肉を
上に

温め 3 中身を耐熱皿に出し、ラップをかけて
11分半レンチンして混ぜる。
仕上げに粗びき黒こしょうをふる。

21

照り焼きチキン

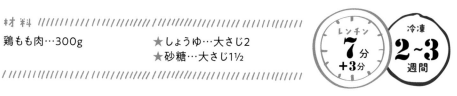

材料

鶏もも肉…300g

★しょうゆ…大さじ2
★砂糖…大さじ1½

レンチン **7**分 +3分

冷凍 **2~3**週間

作り方

1 材料を準備する。

鶏もも肉…300g
（フォークで全体を刺す）

2 保存袋に★を入れて混ぜる。鶏肉を加えて揉み、拳で軽く叩いて伸ばし、厚みを均一にして冷凍。

詰める

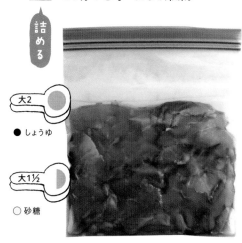

大2
● しょうゆ

大1½
○ 砂糖

食べるとき

3 中身を耐熱皿に出し、ラップをかけて7分レンチン。

温め

皮目を下に

4 裏返し、両端に隙間を開けてラップをかけ、3分レンチン。そのまま5~10分蒸らし、食べやすい大きさに切る。

POINT 最後に蒸らすことで余熱で火が通り、しっとり仕上がります。

23

和風チャーシュー

レンチン 7分 +4分

冷凍 2~3週間

材料 //

鶏もも肉…300g
★めんつゆ（2倍濃縮）…大さじ2

★はちみつ…大さじ½
★みそ、酒…各小さじ2

★にんにくチューブ、
しょうがチューブ…各2cm

//

作り方

1 材料を準備する。

詰める 2 保存袋に★を入れて混ぜる。鶏肉を加えて揉み、拳で軽く叩いて伸ばし、厚みを均一にして冷凍。

鶏もも肉…300g
（フォークで全体を刺す）

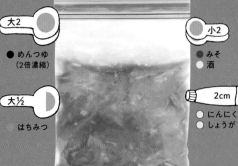

大2
● めんつゆ
（2倍濃縮）

大½
はちみつ

小2
● みそ
● 酒

2cm
○ にんにく
○ しょうが

食べるとき

温め 3 中身を耐熱皿に出し、ラップをかけて7分レンチンしてたれを混ぜる。

皮目を下に

4 裏返し、両端に隙間を開けてラップをかけて4分レンチン。そのまま5~10分蒸らし、食べやすい大きさに切る。

POINT

たれが焦げやすいので、3の手順でたれを忘れずに混ぜてください。

みそ漬けチキン

レンチン
7分
+**4**分

冷凍
2~3
週間

材料 //

鶏もも肉…300g
★はちみつ、みそ
　…各大さじ1½

★酒…大さじ1
★しょうゆ、みりん…各小さじ2
★豆板醤…小さじ⅓

★にんにくチューブ、
　しょうがチューブ…各3cm

//

作り方

1 材料を準備する。

詰める 2 保存袋に★を入れて混ぜる。鶏肉を加えて揉み、拳で軽く叩いて伸ばし、厚みを均一にして冷凍。

鶏もも肉…300g
（フォークで全体を刺す）

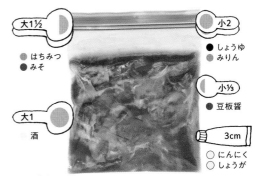

大1½
● はちみつ
● みそ

大1
酒

小2
● しょうゆ
● みりん

小⅓
● 豆板醤

3cm
○ にんにく
○ しょうが

食べるとき

温め 3 中身を耐熱皿に出し、ラップをかけて7分レンチンしてたれを混ぜる。

皮目を下に

4 裏返し、両端に隙間を開けてラップをかけて4分レンチン。そのまま5分蒸らし、食べやすい大きさに切る。

POINT
加熱後に一旦冷ますと味が染み込んでおいしくなります。食べる前に温め直してくださいね。

焼肉のたれで♪コク旨チキン

レンチン
7分
+4分

冷凍
2~3
週間

材料 //

鶏もも肉…300g 　★焼肉のたれ、
　　　　　　　　めんつゆ(2倍濃縮)…各大さじ2

//

作り方

1 材料を
準備する。

鶏もも肉…300g
(フォークで全体を刺す)

詰める **2** 保存袋に★を入れて混ぜる。鶏肉を
加えて揉み、拳で軽く叩いて伸ばし、
厚みを均一にして冷凍。

大2

● 焼肉のたれ
● めんつゆ
(2倍濃縮)

食べるとき

温め **3** 中身を耐熱皿に出し、
ラップをかけて7分
レンチン。

皮目を
下に

4 裏返し、両端に隙間を開けて
ラップをかけ、4分レンチン。
そのまま5~10分蒸らし、
食べやすい大きさに切る。

POINT　濃いめの味付けがお好みの場合は、焼肉のたれとめんつゆを
どちらも大さじ2½で作るのもおすすめです。

ほんのり梅香る和風チキン

レンチン
7分
+4分

冷凍
2~3
週間

材料 //

鶏もも肉…300g
梅干し…2~3個（種を取った状態で16g）

★砂糖、酒
…各小さじ2

★鶏ガラスープの素、しょうゆ
…各小さじ½

//

作り方

1 材料を準備する。

詰める 2 保存袋に★と梅干しを入れて混ぜる。鶏肉を加えて揉み、拳で軽く叩いて伸ばし、厚みを均一にして冷凍。

鶏もも肉…300g
（フォークで全体を刺す）

梅干し…2~3個（16g）
（種を取りつぶす）

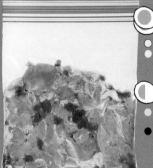

小2
● 砂糖
○ 酒

小½
○ 鶏ガラスープの素
● しょうゆ

食べるとき

温め 3 中身を耐熱皿に出し、ラップをかけて7分レンチン。

皮目を下に

4 裏返し、両端に隙間を開けてラップをかけ、4分レンチン。そのまま5~10分蒸らし、食べやすい大きさに切る。

POINT 梅干しをつぶすときは、保存袋に入れて手でつぶすと洗い物が出なくて◎

タルタルなしのチキン南蛮

レンチン
7分
+**4**分

冷凍
2~3
週間

材料 //

鶏もも肉…300g
★砂糖、しょうゆ…各大さじ2
★酢…大さじ1½

★鶏ガラスープの素…小さじ½
★にんにくチューブ、
しょうがチューブ…各2cm

あと入れ
マヨネーズ…適量

//

作り方

1 材料を
準備する。

鶏もも肉…300g
（フォークで全体を刺す）

詰める **2** 保存袋に★を入れて混ぜる。鶏肉を加え
て揉み、拳で軽く叩いて伸ばし、厚みを
均一にして冷凍。

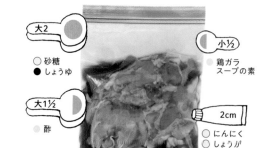

大2
○砂糖
●しょうゆ

大1½
● 酢

小½
鶏ガラ
スープの素

2cm
○ にんにく
○ しょうが

食べるとき

温め **3** 中身を耐熱皿に出し、
ラップをかけて7分
レンチン。

皮目を
下に

4 裏返し、両端に隙間を開けて
ラップをかけ、4分レンチン。
そのまま5~10分蒸らし、
食べやすい大きさに切り、
マヨネーズを添える。

POINT

マヨネーズはチキンに直接かけてもOK！
マヨネーズと一緒に食べることでマイルドな味を楽しめます。

鶏肉のみそマヨ焼き

レンチン
7分
+4分

冷凍
2~3
週間

材料 //

鶏もも肉…300g　　★砂糖、マヨネーズ…各大さじ1　　★みそ…小さじ2
★みりん…大さじ1½　　★しょうゆ、酒…各大さじ½

//

作り方

1 材料を準備する。

詰める 2 保存袋に★を入れて混ぜる。鶏肉を加えて揉み、拳で軽く叩いて伸ばし、厚みを均一にして冷凍。

鶏もも肉…300g
（フォークで全体を刺す）

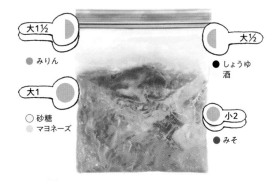

大1½ ● みりん
大½ ● しょうゆ 酒
大1 ○ 砂糖 ● マヨネーズ
小2 ● みそ

食べるとき

温め 3 中身を耐熱皿に出し、ラップをかけて7分レンチンしてたれを混ぜる。

皮目を
下に

4 裏返し、両端に隙間を開けてラップをかけ、4分レンチン。そのまま5~10分蒸らし、食べやすい大きさに切る。

鶏肉とさつまいもの照り煮

レンチン
7分
+5分

冷凍
2~3
週間

材料 ///////////////////////////////////////

鶏もも肉…250g
さつまいも…小1本(150g)

★みりん…大さじ1½
★しょうゆ、酒…各大さじ1

★片栗粉…大さじ½
★砂糖…小さじ2

///////////////////////////////////////

作り方

切る **1** 材料を準備する。

詰める **2** 保存袋に★と鶏肉を入れて混ぜ、上に水気を拭き取ったさつまいもをのせて冷凍。

鶏もも肉…250g(一口大)

さつまいも…小1本(150g)(幅5mmの半月切りにして水にさらす)

大1½ みりん

大1 ●しょうゆ ○酒

大½ ○片栗粉

小2 ○砂糖

食べるとき

温め **3** 中身を耐熱皿に出し、ラップをかけて7分レンチンして混ぜる。

お肉を上に

4 ラップをかけて5分レンチンして混ぜる。

30

POINT 加熱後にさつまいもが固い場合は、追加加熱してください。

鶏肉とトマトの洋風オイル蒸し

レンチン
7分
+4分

冷凍
2~3
週間

材料 //

鶏もも肉…300g　　★酒、オリーブオイル　　★コンソメスープの素、砂糖…各小さじ2
ミニトマト…4個　　…各大さじ1　　★にんにくチューブ…3cm

//

作り方

 切る **1** 材料を準備する。

詰める **2** 保存袋に★を入れて混ぜる。鶏肉を加えて揉み、拳で軽く叩いて伸ばし、厚みを均一にする。上にミニトマトをのせて冷凍。

鶏もも肉…300g
（フォークで全体を刺す）

 大1
酒
オリーブオイル

小2
コンソメスープの素
砂糖

ミニトマト…4個（縦2等分）

3cm
にんにく

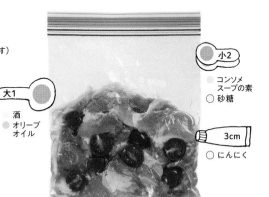

食べるとき

温め **3** 中身を耐熱皿に出し、ラップをかけて7分レンチン。

お肉を上に

4 裏返し、両端に隙間を開けてラップをかけ、4分レンチン。そのまま5~10分蒸らし、鶏肉を食べやすい大きさに切る。

手羽中の塩焼き

レンチン
10分
+2分

冷凍
2~3
週間

材料 //

鶏手羽中…200g
れんこん…50g
★酒、ごま油…各小さじ2

★鶏ガラスープの素…小さじ½
★にんにくチューブ…2cm
★塩、粗びき黒こしょう…各少々

//

作り方

切る **1** 材料を準備する。

詰める **2** 保存袋に★を入れて混ぜ、鶏肉を加えて揉む。鶏肉が重ならないようにして、上にれんこんをのせて冷凍。

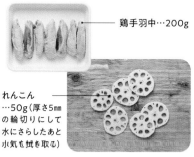

鶏手羽中…200g

れんこん…50g（厚さ5mmの輪切りにして水にさらしたあと水気を拭き取る）

小2
酒
ごま油

少々
塩

少々
粗びき黒こしょう

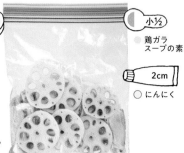

小½
鶏ガラスープの素

2cm
にんにく

食べるとき

温め **3** 中身を耐熱皿に出し、ラップをかけて10分レンチン。

お肉を上に

4 裏返してラップをかけて2分レンチンして混ぜる。

POINT 濃い味がお好みの場合は、仕上げに塩・こしょうを足してください。食べる前にレモン汁をかけてもおいしいです。

手羽中と彩り野菜の中華煮

レンチン
10分
+2分

冷凍
2~3
週間

材料 ///

鶏手羽中…230g
ピーマン…1個（30g）
パプリカ…½個（80g）

★オイスターソース、しょうゆ、
　みりん、ごま油…各大さじ1
★酒、水…各小さじ1

★片栗粉…小さじ½

///

作り方

切る 1 材料を
準備する。

詰める 2 保存袋に★を入れて混ぜ、鶏肉を加えて揉む。鶏肉が重ならないようにして、上にピーマンとパプリカをのせて冷凍。

ピーマン…1個（30g）
（小さめの乱切り）

鶏手羽中
…230g

パプリカ…½個（80g）（小さめの乱切り）

大1
● オイスターソース
● しょうゆ
　みりん
　ごま油

小1
○ 酒
○ 水

小½
○ 片栗粉

食べるとき

温め 3 中身を耐熱皿に出し、ラップをかけて10分レンチン。

お肉を
上に

4 裏返してラップをかけて2分レンチンして混ぜる。

手羽中の甘辛煮

レンチン
10分
+2分

冷凍
2~3
週間

材料 //

鶏手羽中…320g

★はちみつ、酒…各大さじ1

★しょうゆ…大さじ1½

★砂糖…大さじ½

★にんにくチューブ、
しょうがチューブ…各2cm

//

作り方

1 材料を準備する。

詰める 2 保存袋に★を入れて混ぜ、鶏肉を加えて揉み、皮目が同じ向きになるようにして冷凍。

鶏手羽中…320g

大1½ ● しょうゆ

大1 ● はちみつ 酒

大½ ○ 砂糖

2cm ○ にんにく ○ しょうが

食べるとき

温め 3 中身を耐熱皿に出し、ラップをかけて10分レンチンしてたれを混ぜる。

皮目を下に

4 裏返してラップをかけて2分レンチンして混ぜる。

POINT

加熱後に一旦冷ますと、より味が染み込んでおいしくなります。
食べる前に温め直してください。甘辛い味で子どもウケ抜群のレシピです。

手羽先のさっぱり煮

レンチン
10分
+**2**分

冷凍
2~3
週間

材料 //

鶏手羽先…300g　　★水…大さじ1½　　★レモン汁、ごま油…各大さじ½
★しょうゆ…大さじ2　★砂糖、みりん…各大さじ1　★塩、こしょう…各少々

//

作り方

1 材料を準備する。

2 詰める
保存袋に★を入れて混ぜ、鶏肉を加えて揉む。皮目が同じ向きになるようにして冷凍。

鶏手羽先…300g

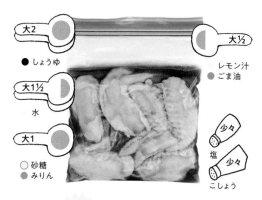

大2 ● しょうゆ

大½ レモン汁 ● ごま油

大1½ 水

大1 ○ 砂糖 ● みりん

少々 塩

少々 こしょう

食べるとき

3 温め
中身を耐熱皿に出し、ラップをかけて10分レンチンしてたれを混ぜる。

皮目を下に

4 裏返してラップをかけて2分レンチンして混ぜる。

プルコギ

材料 //

豚バラ薄切り肉…200g
玉ねぎ…½個(100g)
にんじん…⅓本(40g)
ニラ…½束(50g)
★しょうゆ…大さじ1½

★砂糖、酒、ごま油…各大さじ1
★コチュジャン…小さじ1
★片栗粉…小さじ½
★にんにくチューブ、
　しょうがチューブ…各2cm

//

レンチン **11**分

冷凍 **2~3**週間

作り方

1 切る

材料を準備する。

にんじん…⅓本(40g)(細切り)

玉ねぎ…½個(100g)(薄切り)

ニラ…½束(50g)(長さ4cm)

豚バラ薄切り肉…200g(長さ4cm)

3 温め

食べるとき

中身を耐熱皿に出し、ラップをかけて11分レンチンして混ぜる。お好みで白いりごまをふる。

加熱前

お肉を上に

加熱後

2 詰める

保存袋に★を入れて混ぜ、豚肉を加えて揉み、上に玉ねぎ、にんじん、ニラをのせて軽く揉んで冷凍。

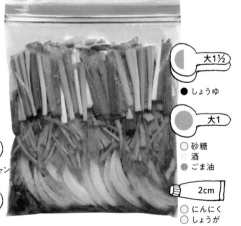

大1½
●しょうゆ

大1
○砂糖
　酒
●ごま油

2cm
○にんにく
○しょうが

小1
●コチュジャン

小½
○片栗粉

POINT

玉ねぎにはお肉を柔らかくする効果があるので、お肉にしっかりと触れるようにして冷凍すると◎

黄金の豚バラ焼肉

レンチン
5分
+3分

冷凍
2~3
週間

材料 //

豚バラ薄切り肉…200g
玉ねぎ…½個(100g)

★コチュジャン、しょうゆ、
　酒、みりん…各大さじ1
★砂糖…小さじ2

★片栗粉、ごま油…各小さじ1
★にんにくチューブ…3cm
あと入れ 卵黄…1個分

//

作り方

切る 1
材料を
準備する。

豚バラ薄切り肉
…200g(長さ4cm)

玉ねぎ…½個(100g)(薄切り)

詰める 2
保存袋に★を入れて混ぜ、豚肉を加えて
揉み、上に玉ねぎをのせて冷凍。

大1
● コチュジャン
● しょうゆ
○ 酒
　 みりん

3cm
○ にんにく

小2
○ 砂糖

小1
○ 片栗粉
○ ごま油

食べるとき

温め 3
中身を耐熱皿に出し、
ラップをかけて5分
レンチンして混ぜる。

お肉を
上に

4
ラップをかけて3分
レンチンして混ぜる。
仕上げに卵黄をのせる。

POINT
卵黄を絡めることで、マイルドな味わいに仕上がります。コチュジャンは李錦記のものを
使用していますが、メーカーによって味わいが変わるのでお好みで量を調整してくださいね。

チンジャオロース

レンチン
10分

冷凍
2~3
週間

材料 //

豚バラ薄切り肉…200g　　★焼肉のたれ…大さじ3　　★片栗粉、ごま油…各小さじ1
ピーマン…4~5個(130g)　　★オイスターソース…大さじ½　　★にんにくチューブ…2cm

//

作り方

 1 材料を準備する。

 2 保存袋に★を入れて混ぜる。豚肉を加えて揉み、上にピーマンをのせて冷凍。

豚バラ薄切り肉
…200g
(長さ5cmの細切り)

ピーマン…4~5個(130g)
(細切り)

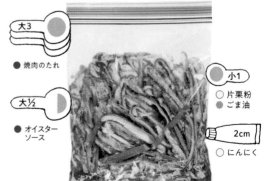

大3
● 焼肉のたれ

大½
● オイスターソース

小1
○ 片栗粉
● ごま油

2cm
○ にんにく

食べるとき

 3 中身を耐熱皿に出し、ラップをかけて10分レンチンして混ぜる。

お肉を上に

豚肉とトマトのソテー

レンチン
5分
+2分

冷凍
2~3
週間

材料 ///

豚バラ薄切り肉…180g　　★しょうゆ…大さじ1　　★酒、みりん…各小さじ2
ミニトマト…6個　　　　　★砂糖…大さじ½　　　★しょうがチューブ…2cm

///

作り方

 1 材料を
準備する。

 2 保存袋に★を入れて混ぜ、豚肉を加え
て揉み、上にミニトマトをのせて冷凍。

豚バラ薄切り肉
…180g
（長さ4cm）

大1 ● しょうゆ

大½ ○ 砂糖

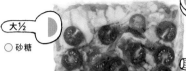
小2 酒
● みりん

2cm
○ しょうが

ミニトマト…6個（縦2等分）

食べるとき

 3 中身を耐熱皿に出し、
ラップをかけて5分
レンチンして混ぜる。

お肉を
上に

4 ラップをかけて2分
レンチンして混ぜる。

豚バラのコチュジャン炒め

レンチン **8.5** 分

冷凍 **2~3** 週間

材料 ///

豚バラ薄切り肉
…150g
玉ねぎ…½個(100g)

えのきだけ…½袋(50g)
★コチュジャン…大さじ1½
★砂糖、ごま油…各大さじ½

★鶏ガラスープの素…小さじ2
★にんにくチューブ、
　しょうがチューブ…各2cm

///

作り方

切る 材料を準備する。

詰める 保存袋に★を入れて混ぜ、豚肉を加えて揉み、上に玉ねぎとえのきだけをのせて冷凍。

えのきだけ…½袋
(50g)(2等分)

豚バラ
薄切り肉
…150g
(長さ4cm)

玉ねぎ…½個(100g)
(薄切り)

 大1½
● コチュジャン

 大½
○ 砂糖
ごま油

小2
○ 鶏ガラ
スープの素

2cm
○ にんにく
○ しょうが

食べるとき

温め 3 中身を耐熱皿に出し、ラップをかけて8分半レンチンして混ぜる。

お肉を
上に

POINT コチュジャンは李錦記のものを使用しています。メーカーによって味わいが変わるのでお好みで量を調整してくださいね。

41

豚バラとれんこんの
オイスター焼き

レンチン
11分

冷凍
2~3
週間

材料 //

豚バラ薄切り肉…200g
れんこん…100g
しめじ…½パック(50g)

★酢、しょうゆ…各大さじ1
★砂糖…小さじ2
★オイスターソース、みりん…各小さじ½

バター…5g

//

作り方

 切る **1** 材料を準備する。

 詰める **2** 保存袋に★を入れて混ぜ、豚肉を加えて揉み、上にれんこん、しめじ、バターをのせて冷凍。

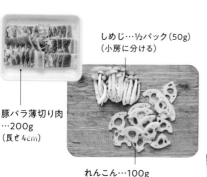

豚バラ薄切り肉
…200g
(長さ4cm)

しめじ…½パック(50g)
(小房に分ける)

れんこん…100g
(幅5mmのいちょう切りにして
水にさらしたあと水気を拭き取る)

5g
バター

大1
酢
しょうゆ

小2
砂糖

小½
オイスター
ソース
みりん

食べるとき

 温め **3** 中身を耐熱皿に出し、ラップをかけて11分レンチンして混ぜる。

お肉を
上に

さつまいも肉じゃが

レンチン
8分
+4分

冷凍
2~3
週間

材料 //

豚バラ薄切り肉…120g
さつまいも…1本(180g)
玉ねぎ…¼個(50g)

★めんつゆ(2倍濃縮)、水
　…各大さじ3
★酒、みりん…各大さじ1½

★ごま油…大さじ½
★鶏ガラスープの素、砂糖
　…各小さじ½

//

作り方

切る 1 材料を準備する。

詰める 2 保存袋に★を入れて混ぜ、豚肉を加えて揉み、上にさつまいもと玉ねぎをのせて冷凍。

さつまいも…1本(180g)
(小さめの乱切りにして水にさらしたあと水気を拭き取る)

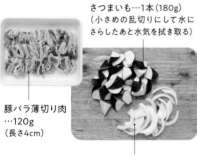

豚バラ薄切り肉
…120g
(長さ4cm)

玉ねぎ…¼個(50g)(薄切り)

大3
●めんつゆ
(2倍濃縮)
○水

大1½
●酒
○みりん

大½
●ごま油

小½
●鶏ガラ
スープの素
○砂糖

食べるとき

温め 3 中身を耐熱皿に出し、ラップをかけて8分レンチンして混ぜる。

お肉を
上に

4 ラップをかけて4分レンチンして混ぜる。

POINT

さつまいもが固い場合は追加加熱してください。加熱後に粗熱を取ると、より味が染み込みます。その場合は、食べるときに再度レンチンするとおいしいです。

豚バラと厚揚げの旨煮

レンチン
9分
+4分

冷凍
2~3
週間

材料 ///

豚バラ薄切り肉…150g
厚揚げ…1パック（300g）
長ねぎ…50g

片栗粉…小さじ1
★めんつゆ（2倍濃縮）
　…大さじ3

★焼肉のたれ…大さじ1½
★砂糖…ふたつまみ

///

作り方

切る 1 材料を準備する。

詰める 2 保存袋に豚肉と片栗粉を入れてまぶしたら★を加えて揉み、上に厚揚げと長ねぎをのせて冷凍。

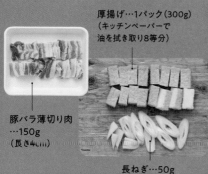

厚揚げ…1パック（300g）
（キッチンペーパーで油を拭き取り8等分）

豚バラ薄切り肉
…150g
（長さ半分に切る）

長ねぎ…50g
（斜め薄切り）

砂糖
ふたつまみ

小1
片栗粉

大3
● めんつゆ
（2倍濃縮）

大1½
● 焼肉のたれ

食べるとき

温め 3 中身を耐熱皿に出し、ラップをかけて9分レンチンして混ぜる。

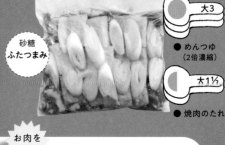
お肉を上に

4 ラップをかけて4分レンチンして混ぜる。

豚バラと白菜の蒸し煮

レンチン
10分
+3分

冷凍
2~3
週間

材料 //

豚バラ薄切り肉…180g
白菜…200g

えのきだけ…½袋(50g)
★しょうゆ、みりん…各大さじ1½

★砂糖、酒…各大さじ1
★和風だしの素…小さじ½

//

作り方

 切る **1** 材料を準備する。

 詰める **2** 保存袋に★を入れて混ぜ、豚肉を加えて揉み、上に白菜とえのきだけをのせて冷凍。

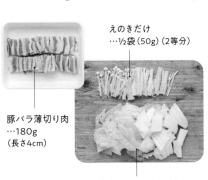

えのきだけ
…½袋(50g)(2等分)

豚バラ薄切り肉
…180g
(長さ4cm)

白菜…200g(ざく切り)

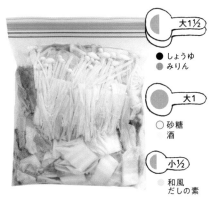

大1½
● しょうゆ
● みりん

大1
○ 砂糖
酒

小½
和風
だしの素

食べるとき

温め **3** 中身を耐熱皿に出し、ラップをかけて10分レンチンして混ぜる。

お肉を
上に

4 両端に隙間を開けてラップをかけ、3分レンチンして混ぜ、5~10分蒸らす。

| POINT

蒸らすことで味がしっかりと染み込みます。白菜に味が染めておいしいですよ!

45

レンチン
10分

冷凍
2~3
週間

豚バラとアスパラの オイマヨ炒め

材料 //

豚バラ薄切り肉
…180g
玉ねぎ…¼個（50g）
アスパラ…1束（80g）

★マヨネーズ、砂糖…各大さじ½
★オイスターソース…小さじ2
★鶏ガラスープの素、片栗粉、
　ポン酢しょうゆ…各小さじ1

★にんにくチューブ、
　しょうがチューブ…各2cm

//

作り方

切る 1 材料を準備する。

詰める 2 保存袋に★を入れて混ぜ、豚肉を加えて揉み、上に玉ねぎとアスパラをのせて冷凍。

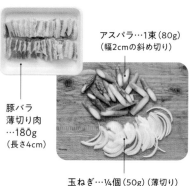

豚バラ
薄切り肉
…180g
（長さ4cm）

アスパラ…1束（80g）
（幅2cmの斜め切り）

玉ねぎ…¼個（50g）（薄切り）

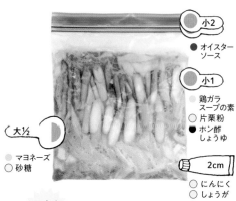

小2
オイスターソース

小1
鶏ガラスープの素
片栗粉
ポン酢しょうゆ

大½
マヨネーズ
砂糖

2cm
にんにく
しょうが

食べるとき

温め 3 中身を耐熱皿に出し、ラップをかけて10分レンチンして混ぜる。

お肉を上に

レンチン **11**分

冷凍 **2~3** 週間

材料 //

豚こま切れ肉…180g 　ピーマン…1個(30g) 　★片栗粉…小さじ1
キャベツ…80g 　★焼肉のたれ…大さじ3 　★豆板醤…小さじ½
玉ねぎ…¼個(50g) 　★みそ…小さじ2

//

作り方

切る 1 材料を準備する。

詰める 2 保存袋に★を入れて混ぜ、豚肉を加えて揉み、上にキャベツ、玉ねぎ、ピーマンをのせて冷凍。

玉ねぎ…¼個(50g)
(薄切り)

豚こま切れ肉
…180g

ピーマン
…1個(30g)
(3cm程度の
乱切り)

キャベツ…80g(3cm角)

大3
● 焼肉のたれ

小2
● みそ

小1
○ 片栗粉

小½
● 豆板醤

食べるとき

温め 3 中身を耐熱皿に出し、ラップをかけて11分レンチンして混ぜる。

お肉を
上に

POINT

豚こま肉を、豚バラ肉に変えて作っても◎　ジューシーな味わいに仕上がります。

47

豚肉と玉ねぎの旨みそ炒め

レンチン
9分

冷凍
2~3
週間

材料 //

豚こま切れ肉…180g　★はちみつ、みそ、酒…各大さじ1　★にんにくチューブ
玉ねぎ…¼個(50g)　★片栗粉、豆板醤…各小さじ½　　…2cm

//

作り方　 切る **1** 材料を
準備する。

 詰める **2** 保存袋に★を入れて混ぜ、豚肉を加え
て揉み、上に玉ねぎをのせて冷凍。

豚こま切れ肉
…180g

玉ねぎ…¼個(50g)(薄切り)

大1

🟠 はちみつ
⚫ みそ
　酒

小½

⚪ 片栗粉
🔴 豆板醤

2cm

⚪ にんにく

食べるとき

 温め **3** 中身を耐熱皿に出し、
ラップをかけて9分
レンチンして混ぜる。

お肉を
上に

POINT　ご飯の上にのせて丼にするのもおすすめ◎

豚肉のしょうが焼き

レンチン
8分

冷凍
2~3
週間

材料 //

豚こま切れ肉…180g
玉ねぎ…½個(100g)

★砂糖、しょうゆ、酒…各大さじ1
★片栗粉、マヨネーズ…各小さじ1

★しょうがチューブ
…3cm

//

作り方

 切る 1　材料を準備する。

 詰める 2　保存袋に★を入れて混ぜ、豚肉を加えて揉み、上に玉ねぎをのせて冷凍。

豚こま切れ肉
…180g

玉ねぎ…½個(100g)(薄切り)

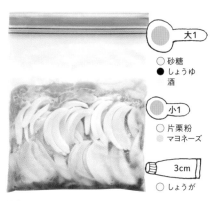

大1
○ 砂糖
● しょうゆ
　 酒

小1
○ 片栗粉
　 マヨネーズ

3cm
○ しょうが

食べるとき

 温め 3　中身を耐熱皿に出し、ラップをかけて8分レンチンして混ぜる。

お肉を
上に

POINT

マヨネーズを加えることで、豚こま肉がパサつかずおいしく仕上がります。

厚揚げとキャベツの韓国風炒め

レンチン
12分

冷凍
2~3
週間

材料 //

豚ひき肉…120g
厚揚げ…1パック(300g)
キャベツ…150g

★コチュジャン、
　しょうゆ…各大さじ1
★砂糖、酒、みりん…各小さじ2

★片栗粉、ごま油
　…各小さじ1

//

作り方

 切る **1** 材料を準備する。

詰める **2** 保存袋に★と豚肉を入れて混ぜ、上に厚揚げとキャベツをのせて冷凍。

豚ひき肉
…120g

厚揚げ…1パック(300g)
(キッチンペーパーで
油を拭き取り8等分)

キャベツ…150g(3cm角)

大1
●コチュジャン
●しょうゆ

小2
○砂糖
○酒
　みりん

小1
○片栗粉
　ごま油

食べるとき

温め **3** 中身を耐熱皿に出し、ラップをかけて12分レンチンして混ぜる。お好みで糸とうがらしをのせる。

お肉を
上に

厚揚げとひき肉の甘辛煮

レンチン **12**分

冷凍 **2〜3**週間

材料 ///

豚ひき肉…80g
厚揚げ…1パック（300g）
★水…90ml

★しょうゆ…大さじ1½
★みりん…大さじ1
★砂糖、片栗粉…各大さじ½

★和風だしの素…小さじ½
★しょうがチューブ…3cm

///

作り方

切る 1 材料を準備する。

詰める 2 保存袋に★と豚肉を入れて混ぜ、上に厚揚げをのせて冷凍。

豚ひき肉
…80g

厚揚げ…1パック（300g）
（キッチンペーパーで油を拭き取り8等分）

90ml 水

小½
● 和風だしの素

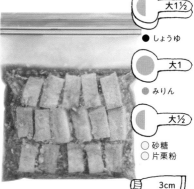

大1½
● しょうゆ

大1
● みりん

大½
○ 砂糖
○ 片栗粉

3cm
○ しょうが

食べるとき

温め 3 中身を耐熱皿に出し、ラップをかけて12分レンチン。

お肉を上に

4 5分ほど蒸らしたら豚肉をほぐす。

POINT

豚ひき肉はほぐしすぎず、適度に塊が残っているくらいの方が食べやすいですよ◎

51

ごはんが進む！牛カルビ

レンチン
8分

冷凍
2〜3
週間

材 料 ///

牛バラ薄切り肉…180g
エリンギ…½パック(50g)
★しょうゆ、酒、みりん…各小さじ2

★砂糖、ごま油…各小さじ1½
★コチュジャン、みそ
　…各小さじ1

★にんにくチューブ、
　しょうがチューブ
　…各2cm

///

作り方

切る **1** 材料を
準備する。

詰める **2** 保存袋に★を入れて混ぜ、牛肉を加え
て揉み、上にエリンギをのせて冷凍。

牛バラ薄切り肉
…180g

エリンギ…½パック(50g)
(長さを3等分してそれぞれを4つ割り)

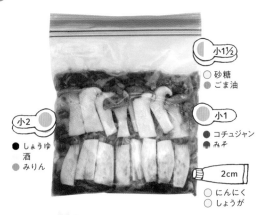

小1½
○砂糖
●ごま油

小2
●しょうゆ
　酒
●みりん

小1
●コチュジャン
●みそ

2cm
○にんにく
○しょうが

食べるとき

温め **3** 中身を耐熱皿に出し、
ラップをかけて8分
レンチンして混ぜる。

お肉を
上に

牛肉のすき焼き風煮

レンチン
7分
+3分

冷凍
2~3
週間

材料

牛バラ薄切り肉…200g
長ねぎ…80g
しいたけ…2個(40g)

★しょうゆ、酒、みりん
　…各大さじ1½
★砂糖、水…各大さじ1

★片栗粉、和風だしの素
　…各小さじ½

作り方

切る 1 材料を準備する。

詰める 2 保存袋に★を入れて混ぜ、牛肉を加えて揉み、上に長ねぎとしいたけをのせて冷凍。

しいたけ
…2個(40g)(薄切り)

牛バラ
薄切り肉
…200g

長ねぎ…80g(斜め薄切り)

小½
● 片栗粉
○ 和風だしの素

大1½
● しょうゆ
○ 酒
　みりん

大1
● 砂糖
○ 水

食べるとき

温め 3 中身を耐熱皿に出し、ラップをかけて7分レンチンして混ぜる。

お肉を上に

4 ラップをかけて3分レンチンして混ぜる。

| POINT

お好みで溶き卵と絡めて食べても、おいしいですよ!

牛肉のしぐれ煮

レンチン
5分
+2分

冷凍
2~3
週間

材料

牛バラ薄切り肉…200g
玉ねぎ…¼個(50g)

★しょうゆ、水…各大さじ2
★砂糖…大さじ1½

★酒、みりん…各大さじ1
★しょうがチューブ…2cm

作り方

 1 材料を準備する。

 2 保存袋に★を入れて混ぜ、牛肉を加えて揉み、上に玉ねぎをのせて冷凍。

牛バラ薄切り肉…200g

玉ねぎ…¼個(50g)(薄切り)

大2
● しょうゆ
水

大1½
○ 砂糖

大1
○ 酒
● みりん

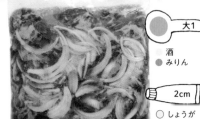

2cm
○ しょうが

食べるとき

 3 中身を耐熱皿に出し、ラップをかけて5分レンチンしてほぐすように混ぜる。

お肉を上に

4 ラップをかけて2分レンチンして混ぜる。

POINT

ご飯にのせて丼にすると某牛丼店の味に! 卵とじにしてもおいしいです。

ハッシュドビーフ

レンチン
5分
+2分

冷凍
2~3
週間

材料

牛バラ薄切り肉…200g
玉ねぎ…¼個（50g）
★ケチャップ…大さじ2

★ウスターソース…大さじ1
★砂糖…小さじ2
★片栗粉…小さじ1½

★しょうゆ、水…各小さじ1
バター…8g

作り方

切る 1　材料を準備する。

牛バラ薄切り肉…200g

玉ねぎ…¼個（50g）（薄切り）

詰める 2　保存袋に★を入れて混ぜ、牛肉を加えて揉み、上に玉ねぎとバターをのせて冷凍。

大2 ●ケチャップ
大1 ●ウスターソース
小2 ○砂糖
小1½ ○片栗粉
小1 ●しょうゆ 水
8g ●バター

食べるとき

温め 3　中身を耐熱皿に出し、ラップをかけて5分レンチンして混ぜる。

お肉を上に

4　ラップをかけて2分レンチンして混ぜる。お好みで刻んだパセリをふる。

| POINT

ご飯と一緒に盛り付けてワンプレートにすれば、洗い物もラクラク！

冷凍レンチンパック Q & A

 保存袋ごと、レンチンしてもいいですか?

 一般的な保存袋の耐熱温度は100℃までなので、レンチンすると袋が溶けてしまう可能性があります。
必ず耐熱皿に中身を出してから、レンチンしてください。

 お肉が固くなりませんか?

 脂分の少ないお肉は、長時間加熱すると固くなることがあります。気になる場合は、レシピに記載されている時間よりもレンチン時間を少し短くして、一旦取り出して混ぜ、様子を見ながら追加加熱してください。

 **冷凍レンチンパックを
離れて住む家族に送りたいです。**

 おすすめの方法についてお伝えしますね!

- 送る前に、冷凍庫で3日間ほどおいて完全に凍らせてから発送準備をしましょう。

- 箱は段ボールがおすすめです。入れるときはぴっちりと詰めて、隙間がある場合は新聞紙で隙間を埋めると◎
プチプチの緩衝材は冷却の妨げになるので使用しないでください。

- 保冷箱は厳禁! 発泡スチロールなどの保冷箱を使用すると冷気が遮断され、解凍されてしまう可能性があります。

- 冷凍のクール便を使って送りましょう(コンビニはクール便を受け付けていないので注意!)。

- 保存袋に料理名とレンチン時間を記入しておくと、受け取った相手が調理をしやすくなります。

PART

2

魚料理

ブリの照り焼き

レンチン
4分
+2分

冷凍
2~3
週間

材料 //

ブリ…2切れ(140g)　　　★砂糖、酒…各大さじ½　　バター…5g
★しょうゆ、みりん、水…各大さじ1　★片栗粉…小さじ½

作り方

1 材料を準備する。

2 詰める　保存袋に★を入れて混ぜ、ブリを加えてなじませ、上にバターをのせて冷凍。

ブリ…2切れ(140g)
(洗って水気を拭く)

大1
● しょうゆ
● みりん
○ 水

大½
○ 砂糖
○ 酒

小½
○ 片栗粉

5g
● バター

食べるとき

3 温め　中身を耐熱皿に出し、ラップをかけて4分レンチン。

4 ブリを裏返してたれを混ぜ、ラップをかけて2分レンチン。たれを混ぜる。

サバのみそ煮

レンチン
4分
+4分

冷凍
2~3
週間

材料

生サバ…2切れ(170g)
長ねぎ…60g

★水…大さじ2
★みそ、酒、みりん…各大さじ1

★砂糖…小さじ2
★片栗粉…小さじ¼
★しょうがチューブ…3cm

作り方

 切る **1** 材料を準備する。

 詰める **2** 保存袋に★を入れて混ぜ、サバを加えてなじませ、長ねぎを添えて冷凍。

生サバ
…2切れ(170g)
(洗って水気を拭き、皮目に十字に切り込みを入れる)

長ねぎ
…60g
(長さ3~4cm)

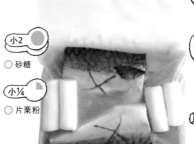

大2
水

小2
○ 砂糖

小¼
○ 片栗粉

大1
● みそ
酒
● みりん

3cm
○ しょうが

食べるとき

 温め **3** 中身を耐熱皿に出し、ラップをかけて4分レンチン。

皮目を上に

4 たれを混ぜ、ラップをかけて4分レンチン。

POINT 塩サバではなく、生サバを使ってくださいね！

59

アクアパッツァ

レンチン
10分

冷凍
2~3
週間

材料 //

タラ（皮なしのもの）
…2~3切れ（200g）
しめじ…½パック（50g）

ミニトマト…3個
★酒、オリーブオイル
…各大さじ2

★塩…小さじ¼
★にんにくチューブ…4~5cm

//

作り方

切る 1 材料を
準備する。

詰める 2 保存袋に★を入れて混ぜ、タラを加え
てなじませ、上にしめじとミニトマトを
のせて冷凍。

しめじ…½パック（50g）
（小房に分ける）

タラ…2~3切れ
（200g）
（洗って水気を
拭き取る）

ミニトマト…3個（縦2等分）

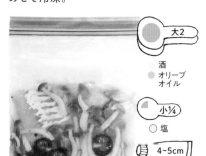

大2

酒
●オリーブ
オイル

小¼

○塩

4~5cm

○にんにく

食べるとき

温め 3 中身を耐熱皿に出し、ラップをかけて10分レンチン。
たれを混ぜて絡め、お好みでちぎったイタリアンパセリ
をふる。

魚を
上に

POINT
塩の代わりにハーブソルトを使っても風味が増します。
たれに魚介のうまみがたっぷりなので、絡めながら食べるのがおすすめです。

和風アクアパッツァ

レンチン
10分

冷凍
2～3
週間

材料 ////////////////////////////////////

タラ（皮なしのもの）
…2～3切れ（200g）
まいたけ…½パック（50g）
ミニトマト…3個

★酒…大さじ2
★めんつゆ（2倍濃縮）、水、
　オリーブオイル…各大さじ1
★和風だしの素…小さじ½

★にんにくチューブ
　…4～5cm

////////////////////////////////////

作り方

切る 1 材料を
準備する。

詰める 2 保存袋に★を入れて混ぜ、タラを加えて
なじませ、上にまいたけとミニトマトをの
せて冷凍。

タラ…2～3切れ
（200g）
（洗って水気を
拭き取る）

まいたけ…½パック
（50g）（小房に分ける）

ミニトマト…3個（縦2等分）

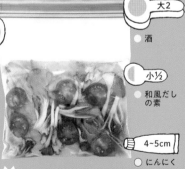

大2

酒

大1

●めんつゆ
（2倍濃縮）
○水
○オリーブ
　オイル

小½

●和風だし
　の素

4～5cm

○にんにく

食べるとき

温め 3 中身を耐熱皿に出し、ラップを
かけて10分レンチンして、
たれを混ぜて絡める。

魚を
上に

白身魚の煮つけ

レンチン
4分
＋2分

冷凍
2〜3
週間

材料 //

タラ（皮なしのもの）…2切れ（160g）
★砂糖、しょうゆ、酒、みりん
　…各大さじ1
★水…大さじ½
★片栗粉…小さじ1
★しょうがチューブ…1cm

作り方

1 材料を
準備する。

詰める 2 保存袋に★を入れて混ぜ、タラを加えて
なじませ、冷凍。

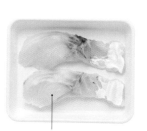

タラ…2切れ（160g）
（洗って水気を拭き取る）

小1
○ 片栗粉

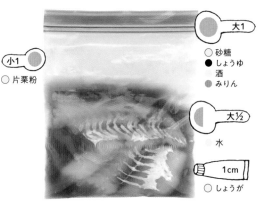

大1
○ 砂糖
● しょうゆ
酒
● みりん

大½
水

1cm
○ しょうが

食べるとき

温め 3 中身を耐熱皿に出し、
ラップをかけて4分
レンチン。

4 タラを裏返し、たれを混ぜ、
ラップをかけて2分レンチン。

白身魚の中華風蒸し

レンチン
10分

冷凍
2~3
週間

材料 ///

タラ…2切れ(180g)
しめじ…½パック(50g)
ニラ…½束(50g)

★ごま油…大さじ½
★砂糖、オイスターソース
　…各小さじ1

★鶏ガラスープの素、みそ、
　片栗粉…各小さじ½

///

作り方

 切る **1** 材料を準備する。

 詰める **2** 保存袋に★を入れて混ぜ、タラを加えてなじませ、上にしめじとニラをのせて冷凍。

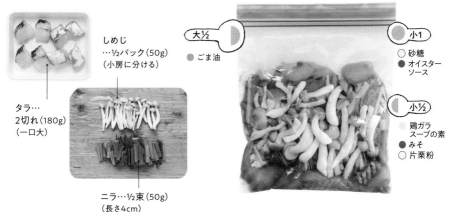

タラ…
2切れ(180g)
(一口大)

しめじ
…½パック(50g)
(小房に分ける)

ニラ…½束(50g)
(長さ4cm)

大½ ● ごま油

小1
○ 砂糖
● オイスターソース

小½
○ 鶏ガラスープの素
● みそ
○ 片栗粉

食べるとき

 温め **3** 中身を耐熱皿に出し、ラップをかけて10分レンチンして混ぜる。

魚を
上に

鮭とキャベツの塩昆布 バターしょうゆ

レンチン
5分
+**3**分

冷凍
2〜3
週間

材料 ///////////////////////////////////////

生鮭…2〜3切れ (160g) ★酒…大さじ1 塩昆布…8g
キャベツ…150g ★しょうゆ…小さじ1 バター…10g

///////////////////////////////////////

作り方

切る 1 材料を
準備する。

詰める 2 保存袋に★を入れて混ぜ、鮭を加えてな
じませ、上にキャベツとバターをのせて
冷凍。

生鮭…2〜3切れ
(160g) (一口大)

キャベツ…150g (3cm角)

8g
● 塩昆布

10g
● バター

大1
● 酒

小1
● しょうゆ

食べるとき

温め 3 中身を耐熱皿に出し、
ラップをかけて5分
レンチン。

魚を
上に

4 鮭を裏返し、キャベツ
とたれを混ぜ、ラップ
をかけて3分レンチン。

POINT 塩鮭ではなく、生鮭を使ってくださいね！

鮭のちゃんちゃん焼き

レンチン
8分
+4分

冷凍
2~3
週間

材料 ///

生鮭…2切れ(130g)　　えのきだけ…1袋(100g)　　★砂糖、酒、みりん…各大さじ½
キャベツ…100g　　　　コーン缶…大さじ3　　　　★しょうゆ…小さじ½
玉ねぎ…¼個(50g)　　　★みそ…大さじ1　　　　　バター…5g

///

作り方

切る **1** 材料を
準備する。

詰める **2** 保存袋に★を入れて混ぜ、鮭とコーンを
加えてなじませ、上にキャベツ、玉ねぎ、
えのきだけ、バターをのせて冷凍。

えのきだけ
…1袋(100g)(2等分)

生鮭…2切れ
(130g)

コーン缶
…大さじ3
(水気を切る)

玉ねぎ…¼個
(50g)(薄切り)

キャベツ…100g
(3cm角)

大1　● みそ

大½　○砂糖
　　　　酒
　　　● みりん

小½　● しょうゆ

5g　バター

食べるとき

温め **3** 中身を耐熱皿に出し、
ラップをかけて8分
レンチン。

魚を
上に

4 鮭を裏返し、野菜を混ぜ、
ラップをかけて4分レンチン
して混ぜる。

鮭のカレームニエル

レンチン **5**分 +**3**分

冷凍 **2~3** 週間

材料 ////////////////////////////////

生鮭…2切れ（130g）
アスパラ…½束（40g）
★みりん…大さじ1
★しょうゆ…小さじ1
★カレー粉…小さじ½
バター…5g

作り方

切る 詰める

1 保存袋に★を入れて混ぜ、鮭を加えて、上にアスパラ（斜め切り）とバターをのせて冷凍。

温め 食べるとき

2 鮭を上にして耐熱皿に出し、ラップをかけて5分レンチン。鮭を裏返し、たれを混ぜ、ラップをかけて3分レンチン。

鮭のみそマヨ焼き

レンチン **5**分 +**3**分

冷凍 **2~3** 週間

材料 ////////////////////////////////

生鮭…2切れ（130g）
キャベツ…100g
★マヨネーズ…大さじ2
★みそ、白すりごま…各小さじ2
★砂糖…小さじ½

作り方

切る 詰める

1 保存袋に★を入れて混ぜ、鮭を加えて、上にキャベツ（3cm角）をのせて冷凍。

温め 食べるとき

2 鮭を上にして耐熱皿に出し、ラップをかけて5分レンチン。鮭を裏返し、キャベツとたれを混ぜ、ラップをかけて3分レンチン。

鮭の梅煮

レンチン 8分　**冷凍 2~3週間**

材料

生鮭…2切れ(130g)　★砂糖…大さじ½
しそ梅干し…18g(正味)　★ごま油、酒
★水…大さじ4　　　　…各小さじ2
★しょうゆ…大さじ1　あと入れ 青じそ…2枚

作り方

切る 詰める

1 保存袋に種を取り除いた塩分8%の梅干しを入れてつぶす。★と鮭を加えてなじませ、冷凍。

温め

食べるとき

2 中身を耐熱皿に出し、ラップをかけて8分レンチン。仕上げにせん切りの青じそをのせる。

鮭とコーンのしょうゆ蒸し

レンチン 8分　**冷凍 2~3週間**

材料

生鮭…2切れ(130g)　★しょうゆ、酒
玉ねぎ…¼個(50g)　　…各小さじ1
コーン缶…60g　　　★塩、こしょう…各少々

作り方

切る 詰める

1 保存袋に★と鮭を入れてなじませ、上に玉ねぎ(薄切り)と水気を切ったコーンをのせて冷凍。

温め

食べるとき

2 鮭を上にして耐熱皿に出し、ラップをかけて8分レンチンして混ぜる。そのまま5分蒸らす。

町中華のエビチリ風

レンチン
4分
+2分

冷凍
2~3
週間

材料 //

- バナメイエビ…180g
- アスパラ…½束(40g)
- ★ケチャップ…大さじ2
- ★片栗粉、酒…各小さじ1
- ★鶏ガラスープの素、砂糖、
  豆板醤、ごま油…各小さじ½
- ★にんにくチューブ
  …5cm

//

作り方

切る 1 材料を準備する。

詰める 2 保存袋に★を入れて混ぜ、エビを加えてなじませ、上にアスパラをのせて冷凍。

バナメイエビ…180g
(殻をむき背ワタを取り除く。水500mlと塩大さじ1〈各分量外〉を入れたボウルで洗い、水ですすぎ水気を拭く)

小1
○片栗粉
　酒

アスパラ
…½束(40g)
(幅2cmの斜め切り)

大2
●ケチャップ

小½
鶏ガラスープの素
○砂糖
●豆板醤
ごま油

5cm
○にんにく

食べるとき

温め 3 中身を耐熱皿に出し、ラップをかけて4分レンチンして混ぜる。

エビを上に

4 ラップをかけて2分レンチンして混ぜる。

ガーリックシュリンプ

レンチン
4分
+2分

冷凍
2~3
週間

材料 ////////////////////////////////

- バナメイエビ…180g
- しめじ…½袋（50g）
- ★鶏ガラスープの素…小さじ2
- ★砂糖、レモン汁…各小さじ1
- ★にんにくチューブ…2cm
- ★粗びき黒こしょう…少々
- バター…8g

作り方

切る 1 材料を準備する。

詰める 2 保存袋に★を入れて混ぜ、エビを加えてなじませ、上にしめじとバターをのせて冷凍。

バナメイエビ…180g
（殻をむき背ワタを取り除く。水500mlと塩大さじ1〈各分量外〉を入れたボウルで洗い、水ですすぎ水気を拭く）

しめじ…½袋（50g）
（小房に分ける）

少々
粗びき黒こしょう

8g
バター

小2 鶏ガラスープの素
小1 砂糖 レモン汁
2cm にんにく

食べるとき

温め 3 中身を耐熱皿に出し、ラップをかけて4分レンチンして混ぜる。

エビを上に

4 ラップをかけて2分レンチンして混ぜる。

69

\ ランキング形式で大発表！/

冷凍レンチン パックのレシピ BEST3

作り方が ラクすぎる BEST3

1位 ＋P24〜29 鶏もも肉の レシピ6品

照り焼きチキン
(P22)
準備に包丁を使わず、
鶏もも肉と調味料だけで
ラクラク完成!

2位

ペスカトーレ ビアンコ (P78)
こちらも包丁を使わず、
準備時間1分の
魚介パスタ。

3位

甘辛そぼろ丼
(P114)
ひき肉と調味料を
混ぜるだけで完成。
お弁当にも大活躍です。

SNSで反響 が大きかった BEST3

1位

プルコギ
(P36)
お肉も野菜も入って
いるので、満足感の
ある一品です。

2位

きのこしょうゆ パスタ (P81)
「パスタって冷凍
できるんだ!」という驚きの
声がたくさん届きました。

3位

ごぼうとにんじんの デリ風サラダ (P130)
レンチン4分でできるので、
あと一品がほしいときに
大活躍。

高見え＆ おもてなしに 使える BEST3

1位

ハッシュドビーフ
(P55)
長時間煮込んだような、
本格的な味わいに
感動します。

2位

和風ガパオライス
(P110)
カフェごはんもすぐ完成。
目玉焼きを焼くだけで
手が込んだ見栄えに。

3位

アクアパッツァ
(P60)
おもてなしで大活躍。
上品で豪華に見えますよ。

PART

3

麺類

喫茶店のナポリタン

ソーセージ…2本
玉ねぎ…¼個(50g)
ピーマン…1個(30g)
スパゲッティ…100g
オリーブオイル…大さじ1

★水…150ml
★牛乳…50ml
★ケチャップ…大さじ4
★ウスターソース…大さじ1
★コンソメスープの素…小さじ½

//

レンチン
8分
+3分

冷凍
1ヶ月

※マ・マーのゆで時間7分(1.6mm)の
　スパゲッティを使用しています。
※パスタをおいしく作るコツは、
　P104のコラムをご参照ください。

作り方

1 材料を準備する。

切る

ピーマン…1個(30g)
(幅5mmの輪切り)

ソーセージ
…2本
(斜め薄切り)

玉ねぎ
…¼個(50g)(薄切り)

2 保存袋に半分に折ったスパゲッティ
とオリーブオイルを入れて、しっかり
と絡める。★を加えて揉み、上に**1**を
のせて冷凍。

詰める

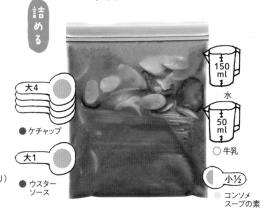

大4
● ケチャップ

大1
● ウスター
　ソース

150
ml

水

50
ml

○ 牛乳

小½
● コンソメ
　スープの素

食べるとき

3 中身を耐熱皿に出し、ラップ
をかけて8分レンチンして
混ぜる。

温め

\|/ POINT

ふわふわ卵の作り方

耐熱容器に卵1個、マヨネーズ・牛乳
各大さじ1を入れて混ぜ、ラップをか
けず1分レンチン。取り出して混ぜ、
ラップをかけず30秒レンチン。
その後、お好みの固さになるまで、ラッ
プをかけず10秒ずつレンチン。

4 ラップをかけて3分レンチン
して混ぜる。お好みでふわふわ
卵と刻んだパセリをのせる。

トマトとツナのパスタ

レンチン
8分
+**3**分

冷凍
1ヶ月

材料 //

スパゲッティ…100g
オリーブオイル…大さじ1
ツナ缶…1缶(オイルごと)

ホールトマト缶
　…½缶(200g)
★水…150ml
★ケチャップ…大さじ1

★砂糖…大さじ½
★コンソメスープの素…小さじ1
★にんにくチューブ…3cm
あと入れ 粉チーズ…適量

//

作り方

1 材料を
準備する。

詰める **2** 保存袋に半分に折ったスパゲッティと
オリーブオイルを入れて、しっかりと絡
める。★と1を加えて揉み、冷凍。

ホールトマト缶
…½缶(200g)

ツナ缶
…1缶(オイルごと)

大1 ●ケチャップ

大½ ○砂糖

小1 ●コンソメ
スープの素

150ml ●水
3cm ○にんにく

食べるとき

温め **3** 中身を耐熱皿に出し、
ラップをかけて8分
レンチンして混ぜる。

4 ラップをかけて3分レンチン
して混ぜる。仕上げに粉チ
ーズをかけ、お好みで刻んだ
パセリをふる。

なすとベーコンのトマトパスタ

レンチン
8分
+**3**分

冷凍
1ヶ月

材料 //

- ハーフベーコン…2枚
- 冷凍なす…60g
- スパゲッティ…100g
- オリーブオイル…大さじ1

- ★水…210ml
- ★ケチャップ…大さじ2
- ★コンソメスープの素…大さじ½
- ★ウスターソース…小さじ⅓

- バター…5g

あと入れ
- 粉チーズ…適量

//

作り方

 1 材料を準備する。

 2 保存袋に半分に折ったスパゲッティとオリーブオイルを入れて、しっかりと絡める。★を加えて揉み、上にベーコン、冷凍なす、バターをのせて冷凍。

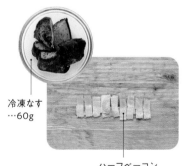

冷凍なす
…60g

ハーフベーコン
…2枚（幅1cm）

大2 ● ケチャップ

大½ ● コンソメスープの素

210ml 水

小⅓ ● ウスターソース

 5g ● バター

食べるとき

 3 中身を耐熱皿に出し、ラップをかけて8分レンチンして混ぜる。

 4 ラップをかけて3分レンチンして混ぜる。仕上げに粉チーズをふり、お好みで刻んだパセリをふる。

ダブルトマトパスタ

レンチン
8分
+3分

冷凍
1ヶ月

材料 ///

ハーフベーコン…2枚
ミニトマト…4個
スパゲッティ…100g
オリーブオイル…大さじ1

★水…200ml
★ケチャップ…大さじ2
★コンソメスープの素
　…大さじ½

★ウスターソース…小さじ1
バター…8g

///

作り方

切る 　材料を準備する。

詰める 　保存袋に半分に折ったスパゲッティとオリーブオイルを入れて、しっかりと絡める。★を加えて揉み、上にベーコン、ミニトマト、バターをのせて冷凍。

ハーフベーコン…2枚（細切り）

ミニトマト…4個

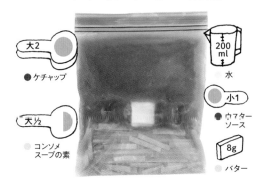

大2
● ケチャップ

大½
○ コンソメ
スープの素

200ml
水

小1
● ウスター
ソース

8g
バター

食べるとき

温め 　中身を耐熱皿に出し、ラップをかけて8分レンチンして混ぜる。

　ラップをかけて3分レンチンして混ぜる。お好みで粉チーズをふる。

76

チキンとキャベツの コク旨パスタ

材料

鶏もも肉…70g
キャベツ…50g
スパゲッティ…100g
オリーブオイル…大さじ1

★水…220ml
★鶏ガラスープの素…大さじ1
★しょうゆ…小さじ1
★にんにくチューブ…1cm

あと入れ
粗びき黒こしょう…適量

作り方

切る **1** 材料を準備する。

詰める **2** 保存袋に半分に折ったスパゲッティとオリーブオイルを入れて、しっかりと絡める。★を加えて揉み、上に鶏肉とキャベツをのせて冷凍。

鶏もも肉…70g
(1.5cm角)

キャベツ…50g(2cm角)

大1 鶏ガラスープの素

小1 ● しょうゆ

220ml ○ 水

1cm ○ にんにく

食べるとき

温め **3** 中身を耐熱皿に出し、ラップをかけて8分レンチンして混ぜる。

具材を上に

4 ラップをかけて3分レンチンして混ぜる。仕上げに粗びき黒こしょうをふる。

ペスカトーレビアンコ

レンチン
8分
+3分

冷凍
1ヶ月

材料

//

冷凍シーフードミックス…90g
スパゲッティ…100g
オリーブオイル…大さじ1
★水…200ml
★酒…大さじ1

★コンソメスープの素…小さじ1
★しょうゆ…小さじ½
★にんにくチューブ…2cm
★塩…少々

★赤とうがらし（輪切り）
　…適量
バター…10g

//

作り方

1 材料を準備する。

詰める 2 保存袋に半分に折ったスパゲッティとオリーブオイルを入れて、しっかりと絡める。★を加えて揉み、上にシーフードミックス、バターをのせて冷凍。

冷凍シーフードミックス…90g

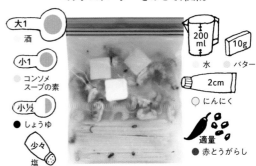

大1 酒		200ml 水	10g バター
小1 コンソメスープの素		2cm にんにく	
小½ しょうゆ		適量 赤とうがらし	
少々 塩			

食べるとき

温め 3 中身を耐熱皿に出し、ラップをかけて8分レンチンして混ぜる。

4 ラップをかけて3分レンチンして混ぜる。

枝豆とソーセージの
おつまみパスタ

材料

ソーセージ…2本
冷凍むき枝豆…40g
スパゲッティ…100g
オリーブオイル…大さじ1

★水…220ml
★コンソメスープの素…小さじ1
★しょうゆ…小さじ½
★にんにくチューブ…2cm

★塩…少々
★赤とうがらし(輪切り)…適量
あと入れ
粗びき黒こしょう…適量

作り方

 切る **1** 材料を準備する。

 詰める **2** 保存袋に半分に折ったスパゲッティとオリーブオイルを入れて、しっかりと絡める。★を加えて揉み、上にソーセージと枝豆をのせて冷凍。

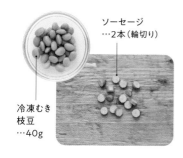

ソーセージ…2本(輪切り)

冷凍むき枝豆…40g

小1 コンソメスープの素

小½ ● しょうゆ

少々 塩

220ml 水

2cm ○ にんにく

適量 ● 赤とうがらし

食べるとき

 温め **3** 中身を耐熱皿に出し、ラップをかけて8分レンチンして混ぜる。

 4 ラップをかけて3分レンチンして混ぜる。仕上げに粗びき黒こしょうをふる。

POINT 枝豆は冷凍のものを使うと下処理不要で時短になりますよ。

ペペロンチーノ

材料

ハーフベーコン…4枚
Aスパゲッティ(半分に折る)…100g
Aオリーブオイル…大さじ1
★水…220ml
★しょうゆ…小さじ½

★コンソメスープの素…小さじ1
★赤とうがらし(輪切り)…1本分
★塩…少々
★にんにくチューブ…3cm

作り方

1 切る 詰める

保存袋にAを入れ、よく絡める。★を加えて揉み、上にベーコン(幅1cm)をのせて冷凍。

食べるとき 温め 2 中身を耐熱皿に出し、ラップをかけて8分レンチンして混ぜる。さらに3分レンチンして混ぜる。

玉ねぎベー昆布パスタ

材料

玉ねぎ…⅙個(30g)
ハーフベーコン…2枚
Aスパゲッティ(半分に折る)…100g
Aオリーブオイル…大さじ1

★水…200ml
★塩昆布…大さじ1½
★白いりごま…小さじ2
★しょうゆ…小さじ1
バター…5g

作り方

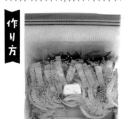

1 切る 詰める

保存袋にAを入れ、よく絡める。★を加えて揉み、上に玉ねぎ(薄切り)、ベーコン(幅1cm)、バターをのせて冷凍。

食べるとき 温め 2 中身を耐熱皿に出し、ラップをかけて8分レンチンして混ぜる。さらに3分レンチンして混ぜる。

レンチン 8分 +3分 / **冷凍 1ヶ月**

ゆずこしょうパスタ

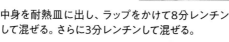

材料 //

- ハーフベーコン…2枚
- まいたけ…½パック(50g)
- Aスパゲッティ(半分に折る)…100g
- Aオリーブオイル…大さじ1
- ★水…200ml
- ★めんつゆ(2倍濃縮)…大さじ1½
- ★ゆずこしょう…小さじ⅓
- バター…5g

//

作り方

1 切る 詰める

保存袋にAを入れ、よく絡める。★を加えて揉み、上にベーコン(幅1cm)、まいたけ(ほぐす)、バターをのせて冷凍。

食べるとき 温め 2

中身を耐熱皿に出し、ラップをかけて8分レンチンして混ぜる。さらに3分レンチンして混ぜる。

きのこしょうゆパスタ

レンチン 8分 +3分 / **冷凍 1ヶ月**

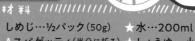

材料 //

- しめじ…½パック(50g)
- Aスパゲッティ(半分に折る)…100g
- Aオリーブオイル…大さじ1
- ★ツナ缶…1缶(オイルごと)
- ★水…200ml
- ★しょうゆ…小さじ2
- ★コンソメスープの素…小さじ1

//

作り方

1 切る 詰める

保存袋にAを入れ、よく絡める。★を加えて揉み、上にしめじ(小房に分ける)をのせて冷凍。

食べるとき 温め 2

中身を耐熱皿に出し、ラップをかけて8分レンチンして混ぜる。さらに3分レンチンして混ぜ、お好みで小口切りの青ねぎをかける。

81

サバ缶パスタ

レンチン
8分
+3分

冷凍
1ヶ月

材料 //

サバの水煮缶
…½缶（90g）
しめじ…30g
スパゲッティ…100g

オリーブオイル…大さじ1
★水…150ml
★サバの水煮缶の汁…50ml
★めんつゆ（2倍濃縮）…大さじ2

★ごま油…大さじ1
★しょうがチューブ、
　にんにくチューブ…各3cm
あと入れ 青じそ…1～2枚

//

作り方

切る 1 材料を準備する。

詰める 2 保存袋に半分に折ったスパゲッティとオリーブオイルを入れて、しっかりと絡める。サバ缶の身を加え、袋の上から手でほぐし、★を加えて揉み、上にしめじをのせて冷凍。

しめじ
…30g（小房に分ける）

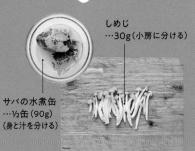

サバの水煮缶
…½缶（90g）
（身と汁を分ける）

大2
●めんつゆ
（2倍濃縮）

大1
ごま油

150ml
○水

50ml
■サバの
水煮缶の汁

3cm
○にんにく
○しょうが

食べるとき

温め 3 中身を耐熱皿に出し、ラップをかけて8分レンチンして混ぜる。

4 ラップをかけて3分レンチンして混ぜる。仕上げにせん切りにした青じそをのせる。

| POINT
使用するサバ缶によって塩気が異なることがあります。味が薄い場合は塩を加えて調節してください。

だししょうゆツナパスタ

材料 //

玉ねぎ…¼個（50g）
スパゲッティ…100g
オリーブオイル…大さじ1
ツナ缶…1缶（オイルごと）

★水…220ml
★しょうゆ…大さじ1
★ごま油…小さじ1
★和風だしの素…小さじ¼

★にんにくチューブ…2cm
あと入れ
青ねぎ、刻みのり…各適量

//

作り方

切る 1 材料を準備する。

詰める 2 保存袋に半分に折ったスパゲッティとオリーブオイルを入れて、しっかりと絡める。★とツナ缶を加えて揉み、上に玉ねぎをのせて冷凍。

ツナ缶
…1缶
（オイルごと）

玉ねぎ…¼個（50g）
（薄切り）

大1 ● しょうゆ

小1 ● ごま油

小¼ ● 和風だしの素

220ml 水

2cm ○ にんにく

食べるとき

温め 3 中身を耐熱皿に出し、ラップをかけて8分レンチンして混ぜる。

4 ラップをかけて3分レンチンして混ぜる。仕上げに小口切りの青ねぎと刻みのりをのせる。

レンチン 8分 +3分

冷凍 2~3週間

塩昆布バターパスタ

材料 ////////////////////

豚バラ薄切り肉…60g
キャベツ…40g
Aスパゲッティ（半分に折る）
　…100g
Aオリーブオイル…大さじ1

★水…200ml
★しょうゆ…小さじ1
★塩…小さじ⅙
★塩昆布…5g
バター…5g

////////////////////

作り方

 切る 詰める

保存袋にAを入れ、よく絡める。★を加えて揉み、上に豚肉（幅2cm）、キャベツ（3cm角）、バターをのせて冷凍。

食べるとき 温め 2

中身を耐熱皿に出し、具材を上にしてラップをかけて8分レンチンして混ぜる。さらに3分レンチンして混ぜる。

まいたけのめんつゆ バターパスタ

レンチン 8分 +3分

冷凍 1ヶ月

材料 ////////////////////

まいたけ…½パック（50g）
Aスパゲッティ（半分に折る）
　…100g
Aオリーブオイル…大さじ1
★ツナ缶…1缶（オイルごと）
★水…200ml

★めんつゆ（2倍濃縮）
　…大さじ1
★コンソメスープ
　の素…小さじ1
バター…5g

////////////////////

作り方

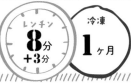 詰める

保存袋にAを入れ、よく絡める。★を加えて揉み、上にまいたけ（ほぐす）とバターをのせて冷凍。

食べるとき 温め 2

中身を耐熱皿に出し、ラップをかけて8分レンチンして混ぜる。さらに3分レンチンして混ぜ、お好みで小口切りの青ねぎをのせる。

レンチン **8**分 **+3**分　冷凍 **1**ヶ月

ブロッコリーのバターしょうゆパスタ

材料 ////////////////////////////////

ブロッコリー…70g
ソーセージ…2本
Aスパゲッティ(半分に折る)
　…100g
Aオリーブオイル…大さじ1
★水…200ml

★しょうゆ…小さじ2
★にんにくチューブ
　…5cm
バター…10g
あと入れ 塩、粗びき
黒こしょう…各適量

////////////////////////////////

作り方

1 切る 詰める

保存袋にAを入れ、よく絡める。★を加えて揉み、ソーセージ(斜め切り)、ブロッコリー、バターをのせて冷凍。

食べるとき 温め **2** 中身を耐熱皿に出し、ラップをかけて8分レンチンして混ぜる。さらに3分レンチンして混ぜ、塩で味をととのえ、粗びき黒こしょうをかける。

えのきとベーコンの青じそバターしょうゆパスタ

レンチン **8**分 **+3**分　冷凍 **1**ヶ月

材料 ////////////////////////////////

えのきだけ
…½パック(50g)
ハーフベーコン…2枚
Aスパゲッティ(半分に折る)
　…100g
Aオリーブオイル…大さじ1

★水…200ml
★しょうゆ…小さじ2
★にんにくチューブ
　…5cm
バター…10g
あと入れ 青じそ…2枚

////////////////////////////////

作り方

1 切る 詰める

保存袋にAを入れ、絡める。★を加えて揉み、えのきだけ(2等分)、ベーコン(幅2cm)、バターをのせて冷凍。

食べるとき 温め **2** 中身を耐熱皿に出し、ラップをかけて8分レンチンして混ぜる。さらに3分レンチンして混ぜ、せん切りにした青じそをのせる。

カルボナーラ

ハーフベーコン…2枚
スパゲッティ…100g
オリーブオイル…大さじ1
★水…200ml
★マヨネーズ、牛乳…各大さじ1

★コンソメスープの素
　…小さじ1
あと入れ
卵…1個
粉チーズ…大さじ2

レンチン **8**分 **+3**分　冷凍 **1**ヶ月

※マ・マーのゆで時間7分(1.6mm)の
　スパゲッティを使用しています。

作り方

1 切る

材料を準備する。

ハーフベーコン…2枚(幅1cm)

2 詰める

保存袋に半分に折ったスパゲッティ
とオリーブオイルを入れて、しっかり
と絡める。★を加えて揉み、上にベ
ーコンをのせて冷凍。

大1

● マヨネーズ
○ 牛乳

小1

● コンソメ
　スープの素

200ml 水

食べるとき

3 温め

中身を耐熱皿に出し、
ラップをかけて8分
レンチンして混ぜる。

4

ラップをかけて3分レンチンして混ぜる。
溶いた卵と粉チーズを加えて素早く混ぜ
合わせ、お好みで粗びき黒こしょうをふり、
卵黄をのせる。

POINT　卵と粉チーズは熱いうちに素早く混ぜるのが分離させずにおいしく仕上げる
ポイント。厚切りベーコンを使用すると食べ応えがアップするのでおすすめです。

87

カルボナポリタン

レンチン
8分
+3分

冷凍
1ヶ月

材料 //

ソーセージ…2本
スパゲッティ…100g
オリーブオイル…大さじ1
★水…200ml

★ケチャップ…大さじ2
★マヨネーズ、牛乳
　…各大さじ1
★コンソメスープの素…小さじ1

バター…5g
あと入れ
卵…1個
粉チーズ…大さじ1

//

作り方

1 材料を準備する。

2 保存袋に半分に折ったスパゲッティとオリーブオイルを入れて、しっかりと絡める。★を加えて揉み、上にソーセージとバターをのせて冷凍。

ソーセージ…2本（斜め薄切り）

大2 ●ケチャップ
大1 ●マヨネーズ ○牛乳

200ml 水
小1 コンソメスープの素
5g バター

食べるとき

3 中身を耐熱皿に出し、ラップをかけて8分レンチンして混ぜる。

4 ラップをかけて3分レンチンして混ぜる。溶いた卵と粉チーズを加えて素早く混ぜ合わせ、お好みでさらに粉チーズをふる。

| POINT
加熱後に水分が多くしゃばしゃばの場合は、ラップをかけず30〜60秒追加でレンチンしてください。

レンチン
8分
+3分

冷凍
2~3
週間

エビクリームパスタ

材料 //

冷凍むきエビ…50g
スパゲッティ…100g
オリーブオイル…大さじ1
★水…200ml

★ケチャップ…大さじ2
★マヨネーズ、牛乳
　…各大さじ1
★コンソメスープの素…小さじ1

あと入れ
粉チーズ…大さじ1½

//

作り方

1 材料を
準備する。

詰める2 保存袋に半分に折ったスパゲッティと
オリーブオイルを入れて、しっかりと絡
める。★を加えて揉み、上に冷凍むき
エビをのせて冷凍。

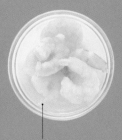

冷凍むきエビ…50g

大2
●ケチャップ

大1
●マヨネーズ
●牛乳

200
ml
○水

小1
○コンソメ
スープの素

食べるとき

温め3 中身を耐熱皿に出し、
ラップをかけて8分
レンチンして混ぜる。

具材を
上に

4 ラップをかけて3分レンチン
して混ぜる。粉チーズを加え
て混ぜ合わせ、お好みで刻ん
だパセリをふる。

エビとアボカドのトマトクリームパスタ

材料

冷凍むきエビ…50g
スパゲッティ…100g
オリーブオイル…大さじ1
★水…120ml

★牛乳…100ml
★ケチャップ…大さじ2
★マヨネーズ…大さじ½
★コンソメスープの素…小さじ1

あと入れ
粉チーズ…大さじ1
アボカド…小½個

作り方

1 材料を準備する。

冷凍むきエビ…50g

詰める 2 保存袋に半分に折ったスパゲッティとオリーブオイルを入れて、しっかりと絡める。★を加えて揉み、上に冷凍むきエビをのせて冷凍。

大2 ●ケチャップ
大½ ●マヨネーズ
小1 ●コンソメスープの素

120ml 水
100ml ○牛乳

食べるとき

温め 3 中身を耐熱皿に出し、ラップをかけて8分レンチンして混ぜる。

具材を上に

4 ラップをかけて3分レンチンして混ぜる。粉チーズを加えて混ぜ合わせ、薄切りにしたアボカドをのせる。

POINT

冷凍むきエビに氷がついている場合は、手で落としてから保存袋に入れてください。

温玉ボロネーゼ

レンチン
8分
+4分

冷凍
2~3週間

材料 //

合いびき肉…80g
スパゲッティ…100g
オリーブオイル…大さじ1
★水…220ml

★ケチャップ…大さじ3
★ウスターソース…大さじ1½
★コンソメスープの素…小さじ1
★にんにくチューブ…2cm

バター…10g
あと入れ
粉チーズ…大さじ½
温泉卵…1個

//

作り方

1 材料を準備する。

詰める 2 保存袋に半分に折ったスパゲッティとオリーブオイルを入れて、しっかりと絡める。★と合いびき肉を加えて揉み、バターをのせて冷凍。

合いびき肉…80g

大3
●ケチャップ

大1½
●ウスターソース

10g
●バター

220ml
水

小1
●コンソメスープの素

2cm
○にんにく

食べるとき

温め 3 中身を耐熱皿に出し、ラップをかけて8分レンチンして混ぜる。

具材を上に

4 ラップをかけて4分レンチンして混ぜる。粉チーズを加えて混ぜ合わせ、仕上げに温泉卵をのせる。

ボロネーゼ

レンチン
8分
+4分

冷凍
2~3
週間

材料 //

合いびき肉…80g
玉ねぎ…¼個(50g)
スパゲッティ…100g

オリーブオイル…大さじ1
★水…200ml
★ケチャップ…大さじ2½

★焼肉のたれ…大さじ1½
★しょうゆ…小さじ⅓
あと入れ 粉チーズ…大さじ2

//

作り方

切る 1 材料を準備する。

詰める 2 保存袋に半分に折ったスパゲッティとオリーブオイルを入れて、しっかりと絡める。★と**1**を加えて揉み、冷凍。

玉ねぎ…¼個(50g)
(みじん切り)

合いびき肉
…80g

大2½
●ケチャップ

大1½
●焼肉のたれ

200
ml
●水

小⅓
●しょうゆ

食べるとき

温め 3 中身を耐熱皿に出し、ラップをかけて8分レンチンして混ぜる。

具材を上に

4 ラップをかけて4分レンチンして混ぜ、粉チーズを加えて混ぜ合わせる。

92

レンチン 8分 +3分 / 冷凍 1ヶ月

フレッシュトマトと なすのオイルパスタ

材料

- ハーフベーコン…2枚
- 冷凍なす…60g
- ミニトマト…3個
- Aスパゲッティ(半分に折る)…100g
- Aオリーブオイル…大さじ1
- ★鶏ガラスープの素…大さじ½
- ★にんにくチューブ…3cm
- ★水…200ml
- バター…5g
- あと入れごま油…大さじ½

作り方

1 切る 詰める

保存袋にAを入れ、よく絡める。★を加えて揉み、上にベーコン(幅1.5cm)、冷凍なす、ミニトマト、バターをのせて冷凍。

食べるとき 温め 2
中身を耐熱皿に出し、ラップをかけて8分レンチンして混ぜる。さらに3分レンチンし、ごま油を加えて混ぜ、お好みで粗びき黒こしょうをふる。

なすとツナの さっぱりごまパスタ

レンチン 8分 +3分 / 冷凍 1ヶ月

材料

- 冷凍なす…60g
- Aスパゲッティ(半分に折る)…100g
- Aオリーブオイル…大さじ1
- ★ツナ缶…½缶(オイルごと)
- ★水…200ml
- ★めんつゆ(2倍濃縮)…大さじ1
- ★コンソメスープの素、酢…各小さじ½
- ★塩…少々
- あと入れ 白すりごま、ごま油…各大さじ½

作り方

1 詰める

保存袋にAを入れよく絡める。★を加えて揉み、冷凍なすをのせて冷凍。

食べるとき 温め 2
中身を耐熱皿に出し、ラップをかけて8分レンチンして混ぜる。さらに3分レンチンし、白ごまとごま油を加えて混ぜ、お好みで小口切りの青ねぎをかける。

溺れコーンソーセージパスタ

レンチン **8**分 +**3**分 / 冷凍 **1**ヶ月

材料

- ソーセージ…2～3本
- コーン缶…50g
- Aスパゲッティ（半分に折る）…100g
- Aオリーブオイル…大さじ1
- ★水…220ml
- ★しょうゆ…小さじ2
- ★コンソメスープの素…小さじ1
- ★みりん…小さじ½
- あと入れ バター…10g
- しょうゆ…小さじ¼

作り方

1 切る 詰める

保存袋にAを入れ、よく絡める。★を加えて揉み、上にソーセージ（輪切り）とコーン（水気を切る）をのせて冷凍。

食べるとき 温め 2

中身を耐熱皿に出し、ラップをかけて8分レンチンして混ぜる。さらに3分レンチンし、バターとしょうゆを加えて混ぜる。

豚たまパスタ

レンチン **8**分 +**3**分 / 冷凍 **2～3**週間

材料

- 豚バラ薄切り肉…50g
- 玉ねぎ…¼個（50g）
- Aスパゲッティ（半分に折る）…100g
- Aオリーブオイル…大さじ1
- ★水…200ml
- ★しょうゆ…小さじ2
- ★コンソメスープの素…小さじ1
- ★にんにくチューブ…2cm
- あと入れ ごま油…大さじ½
- 青じそ…2枚

作り方

1 切る 詰める

保存袋にAを入れ、よく絡める。★を加えて揉み、上に豚肉（長さ3cm）、玉ねぎ（薄切り）をのせて冷凍。

食べるとき 温め 2

中身を耐熱皿に出し、具材を上にしてラップをかけて8分レンチンして混ぜる。さらに3分レンチン。ごま油を加えて混ぜ、せん切りにした青じそをのせる。

レンチン 8分 +3分　**冷凍 1ヶ月**

ピーマンのツナパスタ

材料 //////////////////////////////////////

ピーマン…2個（60g）
Aスパゲッティ（半分に折る）…100g
Aオリーブオイル…大さじ1
★ツナ缶…1缶（オイルごと）
★水…200ml
★鶏ガラスープの素…小さじ1½
★しょうゆ…小さじ1
//////////////////////////////////////

作り方

1 切る 詰める

保存袋にAを入れ、よく絡める。★を加えて揉み、上にピーマン（細切り）をのせて冷凍。

食べるとき 温め 2 中身を耐熱皿に出し、ラップをかけて8分レンチンして混ぜる。さらに3分レンチン。お好みでごま油や粗びき黒こしょうをかける。

コンソメスープ

/ ペンネがおいしい♡ \

レンチン 12分　**冷凍 1ヶ月**

材料 //////////////////////////////////////

Aペンネ（10分ゆで）…20g
Aオリーブオイル…大さじ½
★水…200ml
★ミックスベジタブル…40g
★コンソメスープの素…大さじ½
//////////////////////////////////////

作り方

1 詰める

保存袋にAを入れ、よく絡める。★を加えて揉み、冷凍。

食べるとき 温め 2 深めの耐熱皿に出し、ラップをかけて12分レンチンして混ぜる。

すき焼きうどん

レンチン
8分

冷凍
2~3
週間

材料 //

豚バラ薄切り肉…50g 　　　冷凍うどん…1玉 　　　　　　★砂糖…大さじ½
しめじ…¼パック(25g) 　　　★めんつゆ(2倍濃縮)…大さじ2½ 　　あと入れ 卵黄…1個分

//

作り方

切る **1** 材料を
準備する。

詰める **2** 保存袋に★と豚肉を入れて混ぜ、下に
冷凍うどんを入れ、上にしめじをのせ
て冷凍。

豚バラ薄切り肉
…50g(長さ3cm)

大2½
● めんつゆ
(2倍濃縮)

大½
◯ 砂糖

しめじ…¼パック(25g)
(小房に分ける)

食べるとき

具材を
上に

温め **3** 中身を耐熱皿に出し、ラップを
かけて8分レンチンして混ぜる。
仕上げに卵黄をのせる。

ねぎ塩豚うどん

材料 ////////////////////////////////////

豚バラ薄切り肉…50g
冷凍うどん…1玉
★酒、みりん、水…各大さじ1

★ごま油…大さじ½
★鶏ガラスープの素
　…小さじ⅓

あと入れ
青ねぎ…1~2本
粗びき黒こしょう…適量

////////////////////////////////////

作り方

切る 1 材料を準備する。

詰める 2 保存袋に★と豚肉を入れて混ぜ、下に冷凍うどんを入れて冷凍。

豚バラ薄切り肉…50g(長さ3cm)

大1
● 酒
　みりん
● 水

大½
ごま油

小⅓
● 鶏ガラ
　スープの素

食べるとき

温め 3 中身を耐熱皿に出し、ラップをかけて8分レンチンして混ぜる。仕上げに小口切りにした青ねぎと粗びき黒こしょうをふる。

お肉を上に

POINT

青ねぎはキッチンバサミで小口切りにするとまな板を洗う手間が省けます。

97

うどんカルボナーラ

レンチン **8**分

冷凍 **1**ヶ月

材料 //

ソーセージ…2本
しめじ…¼パック(25g)
冷凍うどん…1玉

★めんつゆ(2倍濃縮)、水…各大さじ2
あと入れ
卵…1個　粉チーズ…大さじ2　青じそ…2枚

//

作り方

 1 材料を準備する。

 2 保存袋に冷凍うどんを入れ、★を回しかけ、上にソーセージとしめじをのせて冷凍。

ソーセージ…2本(斜め薄切り)

しめじ…¼パック(25g)
(小房に分ける)

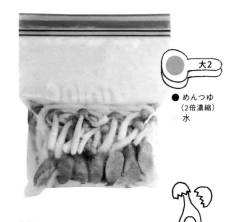

大2
● めんつゆ
(2倍濃縮)
水

食べるとき

 3 中身を耐熱皿に出し、ラップをかけて8分レンチンして混ぜる。

具材を上に

4 溶いた卵と粉チーズを加えて素早く混ぜ合わせる。仕上げにせん切りにした青じそをのせる。

ナポリタンうどん

レンチン
8分

冷凍
1ヶ月

材料

ソーセージ…2本
玉ねぎ…⅙個（30g）
ピーマン…1個（30g）
冷凍うどん…1玉

★ケチャップ…大さじ2
★コンソメスープの素…小さじ1
★砂糖…ふたつまみ
★にんにくチューブ…3cm

バター…8g
あと入れ
粉チーズ…大さじ½〜1

作り方

切る 1 材料を準備する。

詰める 2 保存袋に★と1を入れて混ぜ、下に冷凍うどんとバターを入れて冷凍。

ピーマン…1個（30g）（細切り）

ソーセージ…2本（斜め薄切り）

玉ねぎ…⅙個（30g）（薄切り）

大2
● ケチャップ
小1
● コンソメスープの素

砂糖
ふたつまみ

3cm
○ にんにく

8g
● バター

食べるとき

温め 3 中身を耐熱皿に出し、ラップをかけて8分レンチンして混ぜる。

具材を上に

4 粉チーズを加えて混ぜ合わせる。お好みでさらに粉チーズをかける。

POINT

粉チーズを加えることでまろやかな味わいになります。

プルコギうどん

レンチン
7分
+**2**分

冷凍
2~3
週間

材料 //

豚バラ薄切り肉…70g
玉ねぎ…⅙個（30g）
ニラ…¼束（25g）

冷凍うどん…1玉
★しょうゆ…大さじ1
★砂糖…大さじ½

★コチュジャン、ごま油、水
…各小さじ2

//

作り方

 1 材料を
準備する。

 2 保存袋に★と豚肉を入れて混ぜ、下に玉
ねぎ、ニラ、冷凍うどんを入れて冷凍。

豚バラ薄切り肉
…70g
（長さ3cm）

ニラ
…¼束（25g）
（長さ3cm）

玉ねぎ…⅙個（30g）（薄切り）

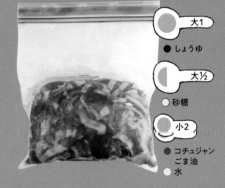

大1
● しょうゆ

大½
◐ 砂糖

小2
● コチュジャン
ごま油
水

食べるとき

 3 中身を耐熱皿に出し、
ラップをかけて7分
レンチンして混ぜる。

具材を
上に

 4 ラップをかけて2分レンチン
して混ぜ、お好みで卵黄を
のせ、ラー油をかける。

カレーうどん

材料 //

豚こま切れ肉…30g　　★水…220ml　　　　　　　★片栗粉…小さじ½
冷凍うどん…1玉　　　★めんつゆ(2倍濃縮)…大さじ3½　カレールウ…1片(20g)

//

作り方

 切る 1 材料を準備する。

 詰める 2 保存袋に★と豚肉を入れて混ぜ、下に冷凍うどんを入れ、カレールウをのせて冷凍。

豚こま切れ肉…30g
(長さ3cm)

大3½
● めんつゆ
(2倍濃縮)

小½
○ 片栗粉

220ml
水

1片
● カレールウ

食べるとき

 温め 3 中身を深めの耐熱皿に出し、ラップをかけて10分レンチンして混ぜる。

具材を上に

4 ラップをかけて3分レンチンして混ぜ、お好みで斜め薄切りの青ねぎをのせる。

POINT

汁気の多いうどんは、深めの耐熱皿や耐熱ボウルでレンチンしてください。

ソース焼きそば

レンチン
6分

冷凍
2~3
週間

材料 //

豚バラ薄切り肉
…40g
キャベツ…30g
にんじん…3cm(15g)

中華蒸し麺…1玉(140g)
サラダ油…小さじ1
塩、こしょう…各少々
★ウスターソース…大さじ1½

★和風だしの素、マヨネーズ
…各小さじ1
★オイスターソース、みりん
…各小さじ½

//

作り方

 切る **1** 材料を準備する。

 詰める **2** 保存袋に中華蒸し麺とサラダ油を入れて混ぜ、★を加えて絡める。上にキャベツ、にんじん、豚肉の順にのせて冷凍。

豚バラ薄切り肉
…40g(長さ3cmで
塩・こしょうをふる)

にんじん
…3cm(15g)
(細切り)

キャベツ…30g(2cm角)

大1½ ● ウスターソース

小1 ● 和風だしの素 ● マヨネーズ

小½ ● オイスターソース ● みりん

食べるとき

 温め **3** 中身を耐熱皿に出し、ラップをかけて6分レンチンして混ぜる。お好みで紅生姜を添える

具材を上に

| POINT
加熱後に混ぜても
お肉が赤ければ、
追加加熱してください。

レンチン **6分**

冷凍 **2〜3** 週間

台湾風焼きそば

材料 //

豚ひき肉…60g
ニラ…¼束（25g）
中華蒸し麺…1玉（140g）

★オイスターソース、みりん
　…各大さじ1
★ごま油…小さじ1
★鶏ガラスープの素…小さじ⅓

★豆板醤…小さじ¼
★にんにくチューブ…3cm

//

作り方

切る 1 材料を準備する。

詰める 2 保存袋に★と豚肉を入れて混ぜ、ニラ、中華蒸し麺の順にのせて冷凍。

豚ひき肉…60g

ニラ…¼束
（25g）（長さ3cm）

小⅓ ●鶏ガラスープの素

大1 ●オイスターソース みりん

小1 ●ごま油

小¼ ●豆板醤

3cm ●にんにく

食べるとき

温め 3 中身を耐熱皿に出し、ラップをかけて6分レンチンしてひき肉をほぐす。お好みで卵黄をのせる。

具材を上に

| POINT
加熱後に混ぜてもお肉が赤ければ、追加加熱してください。

\ これさえ知っていれば失敗しない！ /

パスタを作るときのポイント

point 1　パスタを折るときは中央を持つ

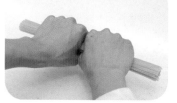

パスタの束を折るときは、折りたい位置＝中央の近くを両手で持って折ると、パスタがボロボロにならずに、きれいに折ることができます。

端を持って折ると……

ボロボロになって
飛び散ってしまう
ので注意!

point 2　準備をしたらすぐ冷凍庫へ

保存袋に材料を入れたら、すぐに冷凍しましょう。そのまま常温に置いておくと、パスタが水分を吸って、伸びたような食感になってしまいます。
また、保存袋の上部3cmを折り曲げてから冷凍することで、汁気が逃げず、耐熱皿に収まりやすくなりますよ。

試作を重ねた結果、マ・マーの7分ゆでのスパゲッティ（1.6mm）がおすすめです。他のスパゲッティを使用すると、レンチン後に麺どうしがくっついて、失敗してしまうことがあります。また、レシピの分量よりも具材が多かったり水分が少なかったりするとレンチン後に固まりやすくなります。

PART 4

ワンプレート
ごはん

豚丼

レンチン **5分**

冷凍 **2~3週間**

材料

豚バラ薄切り肉…80g
玉ねぎ…¼個（50g）
★砂糖、しょうゆ…各大さじ1
★酒…大さじ½
★水…小さじ4
★和風だしの素…小さじ1
あと入れ
温かいご飯…1人分

作り方

切る 1 材料を準備する。

詰める 2 保存袋に★を入れて混ぜ、豚肉を加えて揉み、上に玉ねぎをのせて冷凍。

玉ねぎ…¼個（50g）（薄切り）

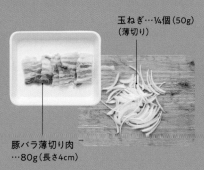

豚バラ薄切り肉…80g（長さ4cm）

大1 ○砂糖 ●しょうゆ
大½ ○酒
小4 ○水
小1 ○和風だしの素

食べるとき

お肉を上に

温め 3 中身を耐熱皿に出し、ラップをかけて5分レンチンして混ぜる。

4 器に盛ったご飯の上にのせ、お好みで一味とうがらしをふり、小口切りの青ねぎをのせる。

豚ニラスタミナ丼

レンチン
3分
+**2**分

冷凍
2~3
週間

材料 ///

豚ひき肉…80g
ニラ…⅓束（30g）
★しょうゆ、酒…各小さじ2

★砂糖、片栗粉、
　オイスターソース、ごま油
　…各小さじ1½

あと入れ
温かいご飯…1人分
卵黄…1個分

///

作り方

 1 材料を
準備する。

 2 保存袋に★と**1**を入れて混ぜ、冷凍。

豚ひき肉…80g

ニラ…⅓束（30g）（幅1cm）

小2
● しょうゆ
　酒

小1½
○ 砂糖
○ 片栗粉
● オイスター
　ソース
● ごま油

食べるとき

 3 中身を耐熱皿に出し、ラップを
かけて3分レンチンしてほぐす。
両端に隙間を開けてラップを
かけ、2分レンチンして混ぜる。

 4 器に盛ったご飯
の上に卵黄とと
もにのせる。

豚キムチ丼

レンチン
3分
+1.5分

冷凍
2~3
週間

材料 //

豚バラ薄切り肉…80g
キムチ…60g

★焼肉のたれ…大さじ1
★ごま油…大さじ½

あと入れ
温かいご飯…1人分
刻みのり…適量

//

作り方

 切る **1**　材料を準備する。

 詰める **2**　保存袋に★と豚肉を入れて揉み、上にキムチをのせて、冷凍。

豚バラ薄切り肉…80g（長さ3cm）

キムチ…60g

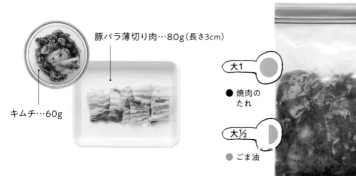

大1
● 焼肉のたれ

大½
● ごま油

食べるとき

 温め **3**　中身を耐熱皿に出し、ラップをかけて3分レンチンして混ぜる。ラップをかけ1分半レンチン。

お肉を上に

4　器に盛ったご飯の上に刻みのりとともにのせる。お好みで卵黄をのせ、小口切りの青ねぎをちらす。

POINT　刻みのりの代わりに韓国のりでも◎

ねぎ塩豚丼

レンチン
4分
+1.5分

冷凍
2〜3
週間

材料 //

豚バラ薄切り肉…120g
長ねぎ…70g
★酒…大さじ1½

★ごま油…大さじ1
★鶏ガラスープの素…大さじ½
★砂糖…ひとつまみ
★にんにくチューブ…1cm

あと入れ
レモン汁…小さじ1
温かいご飯…1人分
粗びき黒こしょう…たっぷり

//

作り方

切る 1 材料を準備する。

詰める 2 保存袋に★を入れて混ぜ、豚肉を加えて揉み、上に長ねぎをのせて冷凍。

長ねぎ…70g
（小口切り）

豚バラ薄切り肉
…120g
（長さ3cm）

大½ 鶏ガラスープの素

大1½ 酒

大1 ごま油

砂糖
ひとつまみ

1cm にんにく

食べるとき

温め 3 中身を耐熱皿に出し、ラップをかけて4分レンチンして混ぜる。両端に隙間を開けてラップをかけ、1分半レンチンして混ぜる。

お肉を
上に

4 レモン汁を加えて混ぜ、器に盛ったご飯にのせ、粗びき黒こしょうをふる。

和風ガパオライス

レンチン
4分
+2分

冷凍
2~3
週間

材料 //

鶏ひき肉…100g　　玉ねぎ…⅙個（30g）　　★片栗粉…小さじ½
ピーマン…1個（30g）　★砂糖、しょうゆ、酒…各大さじ½　　★にんにくチューブ…1cm
パプリカ…¼個（35g）　★オイスターソース…小さじ2　　あと入れ 温かいご飯…1人分

//

作り方

切る 1 材料を準備する。

詰める 2 保存袋に★と1を入れて混ぜ、冷凍。

パプリカ…¼個（35g）
（8mm角）

鶏ひき肉…100g

玉ねぎ…⅙個（30g）
（8mm角）

ピーマン…1個（30g）
（8mm角）

小2 ● オイスターソース

大½ ○砂糖 ●しょうゆ ○酒

小½ ○片栗粉

1cm ○にんにく

食べるとき

温め 3 中身を耐熱皿に出し、ラップをかけて4分レンチンして混ぜる。ラップをかけ2分レンチンして混ぜる。

4 器にご飯とともに盛り、お好みで目玉焼きとバジルをのせる。

POINT 鶏ひき肉はもも肉を使うのがおすすめです！

タコライス

レンチン
4分
+**1**分

冷凍
2~3週間

材料 ///

合いびき肉…80g
玉ねぎ…⅛個（25g）
★ケチャップ…大さじ1
★ウスターソース…大さじ½

★片栗粉…小さじ1
★コンソメスープの素、
　しょうゆ…各小さじ½
★カレー粉、砂糖…各小さじ⅓

★にんにくチューブ…2cm
あと入れ 温かいご飯…1人分
レタス、粉チーズ、ミニトマト
…各適量

///

作り方

切る 1 材料を準備する。

詰める 2 保存袋に★と**1**を入れて混ぜ、冷凍。

玉ねぎ…⅛個（25g）
（みじん切り）

合いびき肉
…80g

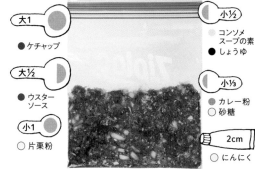

大1 ●ケチャップ
大½ ●ウスターソース
小1 ○片栗粉

小½ コンソメスープの素
● しょうゆ
小⅓ カレー粉
○砂糖
2cm ○にんにく

食べるとき

温め 3 中身を耐熱皿に出し、ラップをかけて4分レンチンして混ぜる。両端に隙間を開けてラップをかけ、1分レンチンして混ぜる。

4 器に盛ったご飯に、レタス、粉チーズ、ミニトマトとともにのせる。

POINT

トッピングのレタスは絶対に入れるのがおすすめです！

餃子の中身丼

レンチン
3分
+**1.5**分

冷凍
2~3
週間

材料 //

豚ひき肉…80g
キャベツ…50g
ニラ…¼束 (25g)
★オイスターソース…大さじ1

★鶏ガラスープの素、砂糖、
　片栗粉、ごま油
　…各小さじ½
★しょうゆ…小さじ⅓

★にんにくチューブ、
　しょうがチューブ…各1cm
あと入れ
温かいご飯…1人分

//

作り方

切る 1 材料を準備する。

詰める 2 保存袋に★と1を入れて混ぜ、冷凍。

ニラ…¼束 (25g) (幅1cm)

豚ひき肉…80g

キャベツ…50g (粗みじん切り)

大1
● オイスターソース

小½
◯ 鶏ガラスープの素
◯ 砂糖
◯ 片栗粉
◯ ごま油

小⅓
● しょうゆ

1cm
◯ にんにく
◯ しょうが

食べるとき

温め 3 中身を耐熱皿に出し、ラップをかけて3分レンチンして混ぜる。ラップをかけて1分半レンチン。

4 器に盛ったご飯にのせる。

POINT

お好みで仕上げに、食べるラー油やラー油をかけるのもおすすめ!

ねぎま丼

レンチン
3分
+2分

冷凍
2~3
週間

材料 //

鶏もも肉…100g
長ねぎ…50g
★しょうゆ…大さじ1

★みりん…大さじ½
★砂糖、酒…各小さじ2
★片栗粉…小さじ½

★しょうがチューブ…1cm
あと入れ 温かいご飯…1人分
刻みのり…適量

//

作り方

切る 1 材料を準備する。

詰める 2 保存袋に★と鶏肉を入れて混ぜ、上に長ねぎをのせて冷凍。

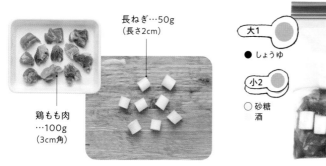

長ねぎ…50g
（長さ2cm）

鶏もも肉
…100g
（3cm角）

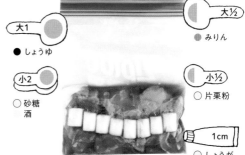

大1
● しょうゆ

大½
● みりん

小2
○ 砂糖
酒

小½
○ 片栗粉

1cm
○ しょうが

食べるとき

温め 3 中身を耐熱皿に出し、ラップをかけて3分レンチンして混ぜる。両端に隙間を開けてラップをかけて2分レンチン。

お肉を
上に

4 器に盛ったご飯に刻みのりとともにのせる。お好みで一味とうがらしをふる。

甘辛そぼろ丼

レンチン
2.5分
＋1分

冷凍
2~3
週間

材料 //

鶏ひき肉…100g   ★砂糖、みりん…各大さじ½   あと入れ
★しょうゆ…大さじ1   ★しょうがチューブ…2cm   温かいご飯…1人分

//

作り方

1 材料を準備する。

鶏ひき肉
…100g

詰める 2 保存袋に★と1を入れて混ぜ、冷凍。

大1 ● しょうゆ

大½ ○ 砂糖 ● みりん

2cm ○ しょうが

いり卵の作り方

耐熱ボウルに卵1個、水小さじ2、片栗粉、砂糖各小さじ¼、塩・こしょう少々を入れて混ぜ、ラップをかけず1分レンチン。ほぐして混ぜ、お好みの固さになるまで10秒ずつ追加でレンチンする。

食べるとき

温め 3 中身を耐熱皿に出し、ラップをかけて2分半レンチンしてひき肉をほぐす。ラップをかけて1分レンチンして混ぜる。

4 器に盛ったご飯にのせる。お好みでいり卵をのせる。

POINT
鶏ひき肉はもも肉を使うのがおすすめです。鶏ひき肉の代わりに、豚肉や合いびき肉を使ってもOKです。

中華風そぼろ

レンチン 2.5分 +1分
冷凍 2～3週間

材料
鶏ひき肉…100g
（豚、合いびきでも）
砂糖、しょうゆ、酒…各小さじ2
みそ、ごま油…各小さじ1
鶏ガラスープの素、
豆板醤…各小さじ⅓
にんにくチューブ、
しょうがチューブ…各1cm

作り方
保存袋に全ての材料を入れてしっかりと混ぜて冷凍。

食べるとき
耐熱皿に出し、ラップをかけて2分半レンチンしてほぐす。ラップをかけて1分レンチンしてほぐす。

塩レモンそぼろ

レンチン 2分 +1分
冷凍 2～3週間

材料
鶏ひき肉…100g
（豚、合いびきでも）
レモン汁…小さじ2
鶏ガラスープの素、
酒…各小さじ1
ごま油…小さじ½
酢…小さじ⅓

作り方
保存袋に全ての材料を入れてしっかりと混ぜて冷凍。

食べるとき
耐熱皿に出し、ラップをかけて2分レンチンしてほぐす。ラップをかけて1分レンチンしてほぐす。

みそそぼろ

レンチン 2.5分 +1分
冷凍 2～3週間

材料
鶏ひき肉…100g
（豚、合いびきでも）
水…大さじ1½
砂糖…大さじ½
みそ、みりん…各小さじ2
しょうゆ…小さじ⅔
しょうがチューブ…1cm

作り方
保存袋に全ての材料を入れてしっかりと混ぜて冷凍。

食べるとき
耐熱皿に出し、ラップをかけて2分半レンチンしてほぐす。ラップをかけて1分レンチンしてほぐす。

キーマカレー

レンチン
3分
+2.5分

冷凍
2~3
週間

材料 //

合いびき肉…80g
玉ねぎ…⅛個(25g)
★水…大さじ4

★ケチャップ、
　ウスターソース…各小さじ2
★砂糖…小さじ½

★にんにくチューブ…2cm
カレールウ…1片(20g)
あと入れ 温かいご飯…1人分

//

作り方

切る 1 材料を準備する。

詰める 2 保存袋に★、ひき肉、玉ねぎを入れて混ぜ、上にカレールウをのせて冷凍。

玉ねぎ…⅛個(25g)
(みじん切り)

合いびき肉…80g

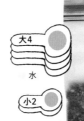

大4 水

小2
● ケチャップ
● ウスターソース

小½
○ 砂糖

2cm
○ にんにく

1片
● カレールウ

食べるとき

温め 3 中身を耐熱皿に出し、ラップをかけて3分レンチンして混ぜる。ラップをかけて2分半レンチンして混ぜる。

4 器に盛ったご飯にのせ、お好みで卵黄をのせる。

POINT

お好みで生卵や温泉卵をのせるのもおすすめ♪

サバ缶カレー

レンチン **8分** +2分

冷凍 **1ヶ月**

材料

- サバのみそ煮缶…1缶(190g)
- ★ホールトマト缶…½缶(200g)
- ★ウスターソース…小さじ1
- ★にんにくチューブ、
  しょうがチューブ…各3cm
- カレールウ…1片(20g)

あと入れ
- 温かいご飯…2人分

作り方

1 材料を準備する。

詰める 2 保存袋にサバ缶を汁ごと入れて、袋の上から手でサバの身を軽くほぐす。★を加えて混ぜ、上にカレールウをのせて冷凍。

サバのみそ煮缶…1缶(190g)

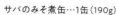

½缶
● ホールトマト缶

小1
● ウスターソース

3cm
○ にんにく
○ しょうが

1片
● カレールウ

食べるとき

温め 3 中身を深めの耐熱皿に出し、ラップをかけて8分レンチンして混ぜる。ラップをかけて2分レンチン。

4 器に盛ったご飯にかける。

POINT

甘めの味に仕上がるので、カレールウは中辛か辛口を使用するのがおすすめです。
汁が漏れないように、温めるときには深めの耐熱皿を使用してください。

夏野菜キーマカレー

レンチン
4分
+3分

冷凍
2~3
週間

材料 //

合いびき肉…80g
玉ねぎ…¼個(50g)
オクラ…3本

コーン缶…40g
★ケチャップ…大さじ2
★酒…大さじ1

★にんにくチューブ…2cm
カレールウ…1片(20g)
あと入れ 温かいご飯…1人分

作り方

切る **1** 材料を準備する。

詰める **2** 保存袋に★、ひき肉、玉ねぎを入れて混ぜ、上にオクラ、コーン、カレールウをのせて冷凍。

オクラ…3本
(板ずりして1cmの小口切り)

合いびき肉
…80g

コーン缶
…40g(水気を切る)

玉ねぎ…¼個(50g)
(みじん切り)

大2
●ケチャップ

大1
●酒

1片
○カレールウ

2cm
○にんにく

食べるとき

温め **3** 中身を耐熱皿に出し、ラップをかけて4分レンチンして混ぜる。ラップをかけて3分レンチンして混ぜる。

具材を上に

4 器に盛ったご飯にかける。

POINT 具材にコーンが入っていて甘めなので、大人が食べる場合は、中辛か辛口のカレールウを使用するのがおすすめです。

ケチャップライス

レンチン **5**分

冷凍 **1**ヶ月

材料 //

ハーフベーコン…2枚　　冷やご飯…150g　　　　★しょうゆ…小さじ½
ミックスベジタブル　　★ケチャップ…大さじ1½　★塩、こしょう…各少々
…大さじ3　　　　　　　★コンソメスープの素…小さじ1　バター…5g

//

作り方

切る 1 材料を
準備する。

詰める 2 保存袋に★とご飯を入れて混ぜ、上にベーコン、ミックスベジタブル、バターをのせて冷凍。

ミックスベジタブル
…大さじ3

ハーフベーコン
…2枚（細切り）

大1½　●ケチャップ

少々　塩

少々　こしょう

小1　コンソメ
スープの素

小½　●しょうゆ

　バター

食べるとき

温め 3 中身を耐熱皿に出し、ラップをかけて5分レンチンして混ぜる。

具材を
上に

お手軽チャーハン

レンチン **5**分

冷凍 **1**ヶ月

材料 //

ソーセージ…2本
ミックスベジタブル
…大さじ3

冷やご飯…150g
★鶏ガラスープの素
…小さじ1強

★しょうゆ、ごま油…各小さじ1
★にんにくチューブ…2cm
バター…5g

//

作り方

切る 1 材料を準備する。

詰める 2 保存袋に★とご飯を入れて混ぜ、上にソーセージ、ミックスベジタブル、バターをのせて冷凍。

ミックスベジタブル
…大さじ3

ソーセージ…2本(輪切り)

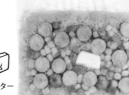

小1強
鶏ガラ
スープの素

小1
● しょうゆ
● ごま油

2cm
○ にんにく

5g
○ バター

食べるとき

温め 3 中身を耐熱皿に出し、ラップをかけて5分レンチンして混ぜる。

具材を
上に

キムチチャーハン

レンチン **5分** 　冷凍 **1ヶ月**

材料
キムチ…50g
ニラ…1本
冷やご飯…150g
★焼肉のたれ
　…大さじ1
★ごま油…大さじ½

作り方

切る・詰める

1 保存袋に★とご飯を入れて混ぜ、上にキムチとニラ（長さ4cm）をのせて冷凍。

温め

食べるとき

2 中身を耐熱皿に出し、具材を上にしてラップをかけて5分レンチンして混ぜる。

塩昆布チャーハン

レンチン **4.5分** 　冷凍 **1ヶ月**

材料
ハーフベーコン…2枚
青ねぎ…大さじ2
塩昆布…小さじ2
冷やご飯…150g
★マヨネーズ
　…小さじ2
★しょうゆ…小さじ1弱

作り方

切る・詰める

温め

1 保存袋に★とご飯を入れて混ぜ、上にベーコン（幅1cm）、青ねぎ（小口切り）、塩昆布をのせて冷凍。

食べるとき

2 中身を耐熱皿に出し、具材を上にしてラップをかけて4分半レンチンして混ぜる。

そばめし

レンチン **7**分

冷凍 **2~3** 週間

材料 //

豚バラ薄切り肉
…50g
キャベツ…30g

中華蒸し麺…½玉（70g）
冷やご飯…100g
★ウスターソース…大さじ1½

★マヨネーズ、しょうゆ、
みりん、ごま油…各小さじ1
★塩、こしょう…各少々

//

作り方

切る 1 材料を
準備する。

詰める 2 保存袋に★、中華蒸し麺、ご飯を入れて混
ぜる。上にキャベツと豚肉をのせて冷凍。

豚バラ薄切り肉…50g
（幅1cm）

キャベツ…30g（1cm角）

中華蒸し麺…½玉（70g）（長さ1.5cm）

大1½

● ウスター
ソース

少々 塩

少々 こしょう

小1

○ マヨネーズ
● しょうゆ
● みりん
● ごま油

食べるとき

温め 3 中身を耐熱皿に出し、ラップをかけて7分
レンチンして豚肉をほぐしながら混ぜる。
お好みで青のり、削り節をかける。

具材を
上に

塩そばめし

レンチン
7分

冷凍
2~3
週間

材料 //

豚バラ薄切り肉…50g
長ねぎ…25g
中華蒸し麺…½玉(70g)
冷やご飯…100g

★酒…大さじ1
★鶏ガラスープの素…大さじ½
★ごま油…小さじ1
★にんにくチューブ…2cm

★こしょう…適量
あと入れ
塩、粗びき黒こしょう
…各適量

//

作り方

切る 1 材料を準備する。

詰める 2 保存袋に★、中華蒸し麺、ご飯を入れて混ぜ、上に長ねぎと豚肉をのせて冷凍。

長ねぎ…25g(粗みじん切り)

豚バラ薄切り肉
…50g(幅1cm)

中華蒸し麺…½玉(70g)(長さ1.5cm)

大1
酒

大½
鶏ガラ
スープの素

小1
ごま油

2cm
にんにく

適量
こしょう

食べるとき

温め 3 中身を耐熱皿に出し、ラップをかけて7分レンチンして豚肉をほぐしながら混ぜる。

具材を
上に

4 塩で味をととのえ、仕上げに粗びき黒こしょうをふる。

ペッパーランチ風ライス

レンチン
4.5分
+1.5分

冷凍
2~3
週間

材料

豚バラ薄切り肉…70g
コーン缶…大さじ4
冷やご飯…150g

★焼肉のたれ…大さじ1
★しょうゆ…小さじ½
バター…8g

あと入れ
粗びき黒こしょう…適量

作り方

切る 1 材料を準備する。

詰める 2 保存袋に★とご飯を入れて混ぜ、上に豚肉、コーン、バターをのせて冷凍。

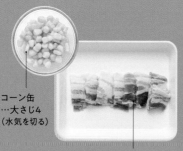

コーン缶
…大さじ4
（水気を切る）

豚バラ薄切り肉…70g（長さ3cm）

大1
● 焼肉のたれ

小½
● しょうゆ

8g
● バター

食べるとき

温め 3 中身を耐熱皿に出し、ラップをかけて4分半レンチンして豚肉をほぐしながら混ぜる。ラップをかけて1分半レンチン。仕上げに粗びき黒こしょうをふる。

具材を
上に

ビビンバ

レンチン
7分
+2分

冷凍
2~3
週間

材料 //

牛バラ薄切り肉…70g　　キムチ…50g　　　　★コチュジャン…小さじ2
ニラ…¼束 (25g)　　　　冷やご飯…150g　　　★鶏ガラスープの素、豆板醤
にんじん…¼本 (30g)　　★焼肉のたれ…大さじ2　　…各小さじ¼

//

作り方

切る 1 材料を準備する。

詰める 2 保存袋に★とご飯を入れて混ぜ、上に1とキムチをのせて冷凍。

にんじん…¼本 (30g) (細切り)

牛バラ薄切り肉
…70g
(長さ3cm)

ニラ…¼束 (25g) (長さ3cm)

小2
● コチュジャン

大2
● 焼肉のたれ

小¼
鶏ガラ
スープの素
● 豆板醤

食べるとき

温め 3 中身を耐熱皿に出し、ラップをかけて7分レンチンして牛肉をほぐしながら混ぜる。ラップをかけて2分レンチン。

具材を
上に

カレーピラフ

レンチン **5**分　冷凍 **1**ヶ月

材料
ハーフベーコン…2枚
ミックスベジタブル
　…大さじ3
冷やご飯…150g
バター…5g

★カレー粉、コンソメ
　スープの素、みりん
　…各小さじ1
★ウスターソース、
　しょうゆ…各小さじ½

作り方

切る　詰める　温め

1 保存袋に★とご飯を入れて混ぜ、上にベーコン（細切り）、ミックスベジタブル、バターをのせて冷凍。

食べるとき

2 具材を上にして耐熱皿に出し、ラップをかけて5分レンチンして混ぜる。

ソーセージとコーンのピラフ

レンチン **5**分　冷凍 **1**ヶ月

材料
ソーセージ…2本
コーン缶…大さじ3
冷やご飯…150g
バター…10g

★しょうゆ、コンソメ
　…各小さじ⅓
★にんにくチューブ
　…3cm

作り方

切る　詰める　温め

1 保存袋に★とご飯を入れて混ぜ、上にソーセージ（輪切り）、コーン（水気を切る）、バターをのせて冷凍。

食べるとき

2 具材を上にして耐熱皿に出し、ラップをかけて5分レンチンして混ぜる。

PART
5

副菜

小松菜の中華風蒸し

レンチン **3**分　冷凍 **1**ヶ月

材料　小松菜
　…½束（100g）
　★鶏ガラスープ
　の素、ごま油
　…各小さじ1
　★にんにく
　チューブ…2cm

作り方
保存袋に★と小松菜（長さ3cm）を入れて混ぜ、冷凍。

食べるとき
耐熱皿に出し、ラップをかけて3分レンチンして混ぜる。

小松菜とにんじんとしめじとツナの含め煮

レンチン **5.5**分　冷凍 **1**ヶ月

材料　小松菜
　…½束（100g）
　にんじん
　…¼本（30g）
　しめじ…½袋（50g）
　★ツナ缶…½缶
　　（オイルごと）
　★めんつゆ（2倍濃縮）
　…大さじ1

作り方
保存袋に★と小松菜（長さ3cm）、にんじん（せん切り）、しめじ（小房に分ける）を入れて混ぜ、冷凍。

食べるとき
耐熱皿に出し、ラップをかけて5分半レンチンして混ぜる。

ほうれん草のバターコーン炒め

レンチン **5**分　冷凍 **1**ヶ月

材料　ほうれん草
　…½束（100g）
　コーン缶…60g
　★鶏ガラスープの素
　…小さじ½
　★塩、こしょう…各少々
　★にんにくチューブ
　…2cm
　バター…5g

作り方
保存袋に★とほうれん草（長さ3cm）、コーン（水気を切る）を入れて混ぜ、バターをのせて冷凍。

食べるとき
耐熱皿に出し、ラップをかけて5分レンチンして混ぜる。

ピーマンのおかかあえ

レンチン **3**分　冷凍 **1**ヶ月

材料
- ピーマン…約4個(130g)
- ★ごま油…大さじ1
- ★しょうゆ…大さじ½
- ★酒…小さじ1
- ★しょうがチューブ…2cm
- あと入れ
- 削り節…1パック

作り方
保存袋に★とピーマン(縦細切り)を入れて混ぜ、冷凍。

食べるとき
耐熱皿に出し、ラップをかけて3分レンチンして混ぜ、削り節を加えて混ぜる。

ピーマンの焼き浸し風

レンチン **4**分　冷凍 **1**ヶ月

材料
- ピーマン…約4個(130g)
- ★水…大さじ3
- ★めんつゆ(2倍濃縮)…大さじ2
- ★しょうがチューブ…1cm
- あと入れ
- 削り節…½パック

作り方
保存袋に★とピーマン(縦細切り)を入れて混ぜ、冷凍。

食べるとき
耐熱皿に出し、ラップをかけて4分レンチンして混ぜ、削り節を加えて混ぜる。

ピーマンとちくわのきんぴら

レンチン **4**分　冷凍 **1**ヶ月

材料
- ピーマン…約4個(130g)
- ちくわ…2本
- ★みりん…小さじ4
- ★しょうゆ、ごま油…各小さじ2
- あと入れ
- 白いりごま…適量

作り方
保存袋に★、ピーマン(縦細切り)、ちくわ(斜め薄切り)を入れて混ぜ、冷凍。

食べるとき
耐熱皿に出し、ラップをかけて4分レンチンして混ぜ、白ごまをふる。

ごぼうとにんじんの デリ風サラダ

レンチン **4分**　冷凍 **1ヶ月**

材料
洗いごぼう…1本（110g）
にんじん…½本（65g）
★砂糖…大さじ1
★和風だしの素
　…小さじ2
★しょうゆ…小さじ½
あと入れ　白すりごま、
マヨネーズ…各大さじ2

作り方
保存袋に★、ごぼう（細切りして水にさらしたあと水気を拭き取る）、にんじん（細切り）を入れて混ぜ、冷凍。

食べるとき
耐熱皿に出し、ラップをかけて4分レンチンして混ぜ、白ごまとマヨネーズを加え混ぜ合わせる。

にんじんのポン酢あえ

レンチン **6分**　冷凍 **1ヶ月**

材
料
にんじん…1本（130g）
★ツナ缶（オイルごと）
　…1缶
★ポン酢…大さじ1½
★ごま油…小さじ1
★和風だしの素
　…小さじ⅙
★砂糖…ひとつまみ

作り方
保存袋に★とにんじん（細切り）を入れて混ぜ、冷凍。

食べるとき
耐熱皿に出し、ラップをかけて6分レンチンして混ぜる。

にんじんのおかかあえ

レンチン **4分**　冷凍 **1ヶ月**

材
料
にんじん…1本（130g）
★オリーブオイル
　…大さじ1
★酢…小さじ1½
★砂糖、しょうゆ
　…各小さじ1
★塩…ひとつまみ
あと入れ
削り節…1パック

作り方
保存袋に★とにんじん（細切り）を入れて混ぜ、冷凍。

食べるとき
耐熱皿に出し、ラップをかけて4分レンチンして混ぜ、削り節を加えて混ぜ合わせる。

味染みかぼちゃの煮物

レンチン **7**分 ／ 冷凍 **1**ヶ月

材料 //

かぼちゃ…150g（正味）
★めんつゆ（2倍濃縮）…大さじ2½
★水…大さじ2
★砂糖…大さじ½

//

作り方

保存袋に★とかぼちゃ（3cm角）を入れて揉み、かぼちゃが重ならないように冷凍。

食べるとき

耐熱皿に出し、ラップをかけて7分レンチン。上下を返して5〜10分蒸らす。

ジャーマンパンプキン

レンチン **5**分 ／ 冷凍 **1**ヶ月

材料 //////////////////

かぼちゃ…160g（正味）
玉ねぎ…⅛個（25g）
ソーセージ…2本
★コンソメスープの素、
　砂糖…各小さじ½
★塩、こしょう…各少々
バター…5g

//////////////////

作り方

保存袋に★、かぼちゃ（厚さ1cm、長さ3cm）、玉ねぎ（薄切り）、ソーセージ（斜め薄切り）、を入れて混ぜ、上にバターをのせて冷凍。

食べるとき

耐熱皿に出し、ラップをかけて5分レンチンして混ぜる。

かぼちゃのごま絡め

レンチン **5.5**分 ／ 冷凍 **1**ヶ月

材料 //////////////////

かぼちゃ
…150g（正味）
★水…大さじ1
★砂糖…大さじ½
★塩…ひとつまみ
バター…8g
あと入れ
白いりごま
…大さじ½

//////////////////

作り方

保存袋に★を入れて混ぜ、かぼちゃ（厚さ8mm、長さ4cm）を加えて揉み、バターをのせてかぼちゃが重ならないように冷凍。

食べるとき

耐熱皿に出し、ラップをかけて5分半レンチン。水分を捨て、白ごまを加えてあえる。

れんこんのきんぴら

レンチン 4分　冷凍 1ヶ月

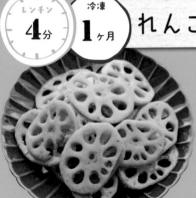

材料
れんこん…100g
★めんつゆ(2倍濃縮)
　…大さじ1
★砂糖、ごま油
　…各小さじ½

食べるとき
耐熱皿に出し、ラップをかけて4分レンチンして混ぜる。お好みで白いりごまをかける。

作り方
保存袋に★とれんこん(厚さ5mmの輪切りにして水にさらしたあと水気を拭き取る)を入れて混ぜ、冷凍。

れんこんとにんじんの洋風きんぴら

レンチン 4分　冷凍 1ヶ月

材料
れんこん…100g
にんじん
　…⅓本(40g)
★みりん
　…大さじ½
★コンソメ
　スープの素
　…小さじ½
バター…5g

作り方
保存袋に★、れんこん(厚さ5mmの半月切りにして水にさらしたあと水気を拭き取る)、にんじん(厚さ5mmのいちょう切り)を入れて揉み、上にバターをのせて冷凍。

食べるとき
耐熱皿に出し、ラップをかけて4分レンチンして混ぜる。

れんこんとにんじんの鶏塩きんぴら

レンチン 4分　冷凍 1ヶ月

材料
れんこん…100g
にんじん
　…⅓本(40g)
★水…大さじ1
★ごま油、みりん
　…各小さじ1
★鶏ガラスープの素
　…小さじ½

作り方
保存袋に★、れんこん(厚さ5mmのいちょう切りにして水にさらしたあと水気を拭き取る)、にんじん(厚さ5mmのいちょう切り)を入れて揉み、冷凍。

食べるとき
耐熱皿に出し、ラップをかけて4分レンチンして混ぜる。

レンチン 9分 / 冷凍 1ヶ月　さつまいもの甘煮

材料////////////////
さつまいも…小1本（150g）
★水…100ml
★砂糖…大さじ1
★しょうゆ…小さじ1
/////////////////

食べるとき
耐熱皿に出し、ラップをかけて9分レンチン。

作り方
保存袋に★とさつまいも（厚さ8mmの輪切りにして水にさらしたあと水気を拭き取る）を入れて混ぜ、さつまいもが重ならないように冷凍。

レンチン 9分 / 冷凍 1ヶ月　さつまいものレモン煮

材料////////////////
さつまいも
…小1本（150g）
レモンスライス
…2枚
★水…100ml
★砂糖…小さじ4
★レモン汁…小さじ1
★塩…ひとつまみ
/////////////////

作り方
保存袋に★とさつまいも（厚さ8mmの輪切りにして水にさらしたあと水気を拭き取る）を入れて混ぜ、上にレモンをのせ、さつまいもが重ならないように冷凍。

食べるとき
耐熱皿に出し、ラップをかけて9分レンチン。

レンチン 7分 / 冷凍 1ヶ月　さつまいものスティック大学いも

材料////////////////
さつまいも
…小1本（150g）
★砂糖
　…大さじ1½
★みりん…大さじ1
★しょうゆ
　…小さじ⅓
★塩…ひとつまみ
/////////////////

作り方
保存袋に★とさつまいも（長さ4cm、幅1.5cmの棒状に切って水にさらしたあと水気を拭き取る）を入れて混ぜ、さつまいもが重ならないように冷凍。

食べるとき
耐熱皿に出し、ラップをかけて7分レンチン。

ブロッコリーの塩昆布ナムル

レンチン **3.5**分 ／ 冷凍 **1**ヶ月

材料 ブロッコリー
…½株(80g)
★塩昆布…大さじ½
★ごま油…小さじ2
★鶏ガラスープの素
…小さじ⅓

作り方

保存袋に★とブロッコリー（小房に分ける）を入れて揉み、冷凍。

食べるとき

耐熱皿に出し、ラップをかけて3分半レンチンして混ぜる。お好みで白いりごまをかける。

ズッキーニとパプリカのマリネ

レンチン **3.5**分 ／ 冷凍 **1**ヶ月

材料 ズッキーニ
…½本(100g)
パプリカ…½個(60g)
★オリーブオイル
…大さじ1
★レモン汁…大さじ½
★コンソメスープの素
…小さじ1
★砂糖…ひとつまみ

作り方

保存袋に★、ズッキーニ（厚さ3mmの輪切り）、パプリカ（2cm角）を入れて混ぜ、具材が重ならないようにして冷凍。

食べるとき

耐熱皿に出し、ラップをかけて3分半レンチンして混ぜる。粗熱を取り、冷蔵庫で冷やす。

パプリカの煮浸し

レンチン **3.5**分 ／ 冷凍 **1**ヶ月

材料 パプリカ…1個(100g)
★水、めんつゆ(2倍濃縮)…各大さじ3

作り方

保存袋に★とパプリカ（小さめのひと口大）を入れて混ぜ、冷凍。

食べるとき

耐熱皿に出し、ラップをかけて3分半レンチンして混ぜる。

優しい味の副菜なめたけ

レンチン 3.5分　冷凍 1ヶ月

材料
- えのきだけ…1袋(100g)
- ★めんつゆ(2倍濃縮)…大さじ1
- ★砂糖、しょうゆ、みりん…各小さじ1
- ★酢…小さじ½

作り方

保存袋に★とえのきだけ(3等分)を入れて混ぜ、冷凍。

食べるとき

耐熱皿に出し、ラップをかけて3分半レンチンして混ぜる。そのまま粗熱を取り、味を染み込ませる。

ご飯のおともの ガツンとなめたけ

レンチン 3.5分　冷凍 1ヶ月

材料
- えのきだけ…1袋(100g)
- ★めんつゆ(2倍濃縮)…大さじ1
- ★砂糖、しょうゆ、みりん…各大さじ½
- ★酢…小さじ1

作り方

保存袋に★とえのきだけ(3等分)を入れて混ぜ、冷凍。

食べるとき

耐熱皿に出し、ラップをかけて3分半レンチンして混ぜる。粗熱を取り、冷蔵庫で冷やす。

スタミナなめたけ

レンチン 3.5分　冷凍 1ヶ月

材料
- えのきだけ…1袋(100g)
- ★焼肉のたれ…小さじ2
- ★コチュジャン、みりん…各小さじ1
- ★ごま油…小さじ½

作り方

保存袋に★とえのきだけ(3等分)を入れて混ぜ、冷凍。

食べるとき

耐熱皿に出し、ラップをかけて3分半レンチンして混ぜる。粗熱を取り、冷蔵庫で冷やす。

きのこの和風マリネ

材料
- まいたけ…1パック(100g)
- エリンギ…1パック(100g)
- ★めんつゆ(2倍濃縮)…大さじ2
- ★ごま油…大さじ1
- ★鶏ガラスープの素…小さじ¼

作り方
保存袋に★、まいたけ(小房に分ける)、エリンギ(長さを半分にして薄切り)を入れて混ぜ、冷凍。

食べるとき
耐熱皿に出し、ラップをかけて6分レンチンして混ぜる。

ピーマンとしめじのツナあえ

材料
- しめじ…1パック(100g)
- ピーマン…2個(60g)
- ツナ缶…1缶(油を切る)
- ★めんつゆ(2倍濃縮)…大さじ1
- ★ごま油…小さじ1
- ★鶏ガラスープの素…小さじ⅓
- ★にんにくチューブ…1cm

作り方
保存袋に★、しめじ(小房に分ける)、ピーマン(細切り)、ツナを入れて混ぜ、冷凍。

食べるとき
耐熱皿に出し、ラップをかけて6分レンチンして混ぜる。お好みで白いりごまをふる。

ピーマンとちくわのオイスター炒め

材料
- ピーマン…3個(90g)
- ちくわ…2本
- ★オイスターソース、ごま油…各小さじ1
- ★鶏ガラスープの素…小さじ½

作り方
保存袋に★、ピーマン(細切り)、ちくわ(輪切り)を入れて混ぜ、冷凍。

食べるとき
耐熱皿に出し、ラップをかけて4分レンチンして混ぜる。お好みで白いりごまをふる。

厚揚げの煮浸し

レンチン **5分** ／ 冷凍 **1ヶ月**

材料
- 厚揚げ…1枚(120g)
- ★水、めんつゆ(2倍濃縮)…各大さじ2
- ★砂糖…ひとつまみ

作り方
保存袋に★と厚揚げ(9等分)を入れて揉み、厚揚げが重ならないようにして冷凍。

食べるとき
耐熱皿に出し、ラップをかけて5分レンチン。上下を返して5分ほど蒸らす。

里いもの煮物

レンチン **6分** ／ 冷凍 **1ヶ月**

材料
- 冷凍里いも…130g
- 水…大さじ4
- 砂糖、しょうゆ、みりん…各大さじ1
- しょうがチューブ…1cm

作り方
保存袋に全ての材料を入れて、里いもが重ならないようにして冷凍。

食べるとき
耐熱皿に出し、ラップをかけて6分レンチンして混ぜ、粗熱を取る。

BBQポテト

レンチン **6分** ／ 冷凍 **2~3週間**

材料
- 合いびき肉…100g
- じゃがいも…1個(100g)
- ★ケチャップ…大さじ1 ½
- ★はちみつ、ウスターソース、しょうゆ…各小さじ1
- バター…5g

作り方
保存袋に★とひき肉を入れて混ぜ、上にじゃがいも(せん切りにして酢水にさらしたあと水気を切る)、バターをのせて冷凍。

食べるとき
肉を上にして耐熱皿に出し、ラップをかけて6分レンチンして混ぜる。お好みで刻んだパセリをふる。

ミネストローネ

材料
トマトジュース(無塩)
…150ml
ソーセージ…1本
ミックスベジタブル
…大さじ4
水…大さじ2½

コンソメスープの素、
砂糖、ケチャップ
…各小さじ1
ウスターソース
…小さじ½

作り方

1 切る 詰める

ソーセージは輪切り。保存袋に全ての材料を入れて混ぜ、冷凍。

温め

食べるとき

2 耐熱ボウルに出し、ラップをかけて6分レンチン。

豚ニラキムチのみそスープ

材料
豚バラ薄切り肉…40g
ニラ…1本
キムチ…50g
★水…200ml

★みそ…小さじ1½
★みりん…小さじ1
★鶏ガラスープの素
…小さじ½

作り方

1 切る 詰める

保存袋に★、豚肉(長さ3cm)、ニラ(長さ3cm)、キムチを入れて混ぜ、冷凍。

温め

食べるとき

2 耐熱ボウルに出し、ラップをかけて7分レンチンして肉をほぐし混ぜる。ラップをかけて2分レンチン。

えのきとコーンの中華風スープ

材料
コーン缶…大さじ2
えのきだけ…½袋(50g)
★水…180ml

★鶏ガラスープの素、しょうゆ…各小さじ1

作り方

切る
詰める

1 保存袋に★、コーン(水気を切る)、えのきだけ(3等分)を入れて揉み、冷凍。

温め

食べるとき

2 耐熱ボウルに出し、ラップをかけて7分レンチンして混ぜる。お好みで粗びき黒こしょうをふる。

満腹カレースープ

材料
キャベツ…40g
玉ねぎ…⅛個(25g)
ソーセージ…2本

★水…300ml
★コンソメスープの素…小さじ1
カレールウ…1片(20g)

作り方

切る
詰める

1 保存袋に★、キャベツ(1.5cm角)、玉ねぎ(薄切り)、ソーセージ(輪切り)を入れて混ぜ、上にカレールウをのせて冷凍。

温め

食べるとき

2 耐熱ボウルに出し、ラップをかけて10分レンチンして混ぜる。

いちごジャム

レンチン **7分** +7分
冷凍 **1ヶ月**

材料
いちご…250g　レモン汁…小さじ1
砂糖…80g

作り方

1 切る 詰める
いちごはヘタを取り、縦半分に切る。保存袋に全ての材料を入れて混ぜ、冷凍。

温め

2 食べるとき
耐熱皿に出し、ラップをかけて7分レンチンして混ぜる。ラップをかけず7分レンチンして混ぜ、粗熱を取る。

キウイジャム

レンチン **7分** +7分
冷凍 **1ヶ月**

材料
キウイ…250g
砂糖…80g

作り方

1 切る 詰める
キウイは皮をむき、半月の薄切りにする。保存袋に全ての材料を入れて混ぜ、冷凍。

温め

2 食べるとき
耐熱皿に出し、ラップをかけて7分レンチンして混ぜる。ラップをかけず7分レンチンして混ぜ、粗熱を取る。

おわりに

　毎日欠かすことができないごはん作り。だけど、仕事や子育てに忙しくて、料理にかける時間が取れない……。

　そんなときにも、簡単に作れておいしいごはんを食べたいという思いから、冷凍レンチンパックのレシピを考えました。

　実は子どもの頃、私は鍵っ子で、夏休みなどは一人で留守番することも多かったのです。母はどんなに忙しくても手紙とお昼ごはんを準備してくれて、私はいつもレンチンして食べていました。結婚をして自分が親になり、子どもや夫にも温かいごはんを食べてもらいたいと思ったことも、冷凍レンチンパックを作り始めたきっかけのひとつです。

　1品5分あれば準備できるので、日々の料理のついでに作ることができ、冷凍庫にストックがあることで心に余裕もうまれ、子どもたちと遊ぶ時間も増やすことができました。仕事や習い事の都合で家族の食事の時間がずれるときにも活用しています。

　フォロワーの方からは「家族のためにレンチンパックを作りおきできて、産後にとても助かりました」というDMが届き、「誰かの役に立てているんだ！」とうれしい気持ちになりました。

　おかずから麺類、ごはんものまで定番の人気メニューをぎゅっと詰めこみました。手軽に作れるものばかりなので、ぜひお試しくださいね。

　　　　　どめさん

索引

どめさん

- 2歳と5歳の2児のワーママ。
- Instagramやブログでレシピを投稿。企業のレシピ開発にも携わる。
- 簡単に身近な食材で作れて美味しく、見た目も可愛らしい料理に定評がある。
- 趣味は国内旅行と海外旅行。旅先で美味しいものを食べることが好き。
- Instagram「どめさん家のズボラごはん」のフォロワーは10.1万人。※2023年8月時点

【Instagram】@chouchou.kitchen
【ブログ】https://ameblo.jp/kitchenchouchou/

保存袋に具材を詰めたら、冷凍保存！
冷凍レンチンパック

2023年9月21日　初版発行
2024年11月20日　再版発行

著者	どめさん
発行者	山下　直久
発行	株式会社KADOKAWA

〒102-8177　東京都千代田区富士見2-13-3
電話 0570-002-301（ナビダイヤル）

印刷所	TOPPANクロレ株式会社
製本所	TOPPANクロレ株式会社

●お問い合わせ
https://www.kadokawa.co.jp/（「お問い合わせ」へお進みください）
※内容によっては、お答えできない場合があります。
※サポートは日本国内のみとさせていただきます。
※Japanese text only